陳慶浩・王三慶主編

越南漢文小說叢刊 第七冊

科榜標奇
南國偉人傳
大南行義列女傳
南國佳事
桑滄偶錄
見聞錄
大南顯應傳

臺灣學生書局印行

「越南漢文小說叢刊」總序

以漢文字爲書寫工具的地區，我們稱爲漢文化區。漢文化區以中國漢文化爲主流，但亦應包括朝鮮、越南、日本、琉球等地區。長久以來，這些國家以漢字爲表達工具，創作了大量的漢文作品，與中國相對而言，可稱爲域外漢文化區。

域外漢文化區採用漢字寫作已有千年以上的歷史，直到上世紀末、本世紀初，由於政治及其它種種原因，各國方才逐漸停止使用漢字寫作，但民間仍有繼續使用漢字者。第二次大戰後，漢字寫作基本上從這些國家消失。（但產生了以華裔爲主的域外漢文作者，這是另一研究範圍。）朝鮮、越南和日本（包括琉球），保存了大量漢文獻，這些文獻涵括經史子集四部，應有盡有。既是各國重要的文化遺產，也是整個漢文化不可或缺的部分。但很可惜，由於教育的原因，域外漢文化區能閱讀漢文獻的人已經愈來愈少，加上政治及其它因素，除日本外，這些國家的漢文獻在過去相當長的期間內，得不到妥善的保存，遑論再作有系統的整理研究；甚至被認爲非本國文化。近年來，情況有所改變，韓國對本國漢文獻的整理研究已取得不少的成績，越南亦開始這方面的努力。但由於長期地抑止漢文，域外漢文化區對本國漢文化的研究只成了少數專家的工作。對各國漢文獻的整理和研究，最起碼的是掌握漢字，這是專家們所應有的基本訓練；但除此之外，由於各國漢文獻的內容跟整個漢文化，特別是主流的中國漢文化不可分割，就要求專家們同時擁有這方面的知識，而一般的研究域外漢文化的專家，除了對本國漢文獻有較深的了解外，很少能同時對中國漢文化和其它支流漢文化有足夠的認識，這就使得他們對本國漢文化的整理和研究受到相當的限制。

作爲漢文化主流的中國，以漢字爲書寫工具的傳統，從沒間斷，本來是最有條件對漢文化世界作整體研究。但中國知識分子，向來對其它支流文化採取不聞不問的態度，對這些地區的漢文化瞭解甚少，公私藏書中，域外漢文獻更是罕見。近年，由於國際之往來，中國對域外漢文化已有零碎的研究，但是還沒有形成風氣，不是有計畫、有系統的研究。因而域外漢文化研究還只是起步，而由此向前推進一步的漢文化整體研究，仍是一片亟待開發的荒原。

漢文化整體研究的重要性是很顯然的，它不僅有助於瞭解中國漢文化在域外的傳播和發展，足以豐富中國漢文化的知識，對朝鮮、越南、日本諸國的漢文化的認識，更具重大意義。只有通過整體研究，才能將他們在漢文化中的位置、對中國漢文化的吸收和發展等眞象全面顯示出來。不透過支流和主流關係的研究，不將各支流加以比較研究，域外漢文化各區的特質就不易淸楚，而這正是目前各國研究的弱點。他們只就本國文化作研究，最多是溯源到中國漢文化，却極少與其它支流從事比較研究，如此，本國文化的特質就不易顯示出來。

漢文化的整體研究可以開拓傳統漢學研究的領域。傳統漢學只是研究中國漢文化，忽視域外漢文化區的研究，將他們看成是朝鮮學、越南學、日本學的研究範圍，這就限制了漢學家對整個漢文化的了解。另一方面，從事朝鮮、越南、日本研究的學者，一般又只限於現代的研究，也受到漢文素養的限制，不易上溯到該國古典文化。縱使研究者能夠掌握漢文，如非從事整體研究，視野仍受局限。因而漢文化的整體研究將使得被傳統漢學、朝鮮學、越南學、日本學研究所棄置的域外漢文化資料，納入漢學研究的範疇中，形成一個超越國界文化區的綜合研究。採用新的資料，採用比較的研究方法，就很自然的能獲得新的研究成果。

域外漢文化涵蓋學術之各方面，需要種種專家通力合作，才能進行全面的研究。作爲文學研究工作者，我們選擇域外漢文學爲我們研究的對象。域外漢文學以漢詩、漢文爲大宗，在傳統的漢文化觀念下，詩文才屬正統文學，因而，各國漢文學研究，漢詩、漢文備受重視。一部日本漢文學史，幾乎就只是日本漢詩漢文史。朝鮮、越南文學史中較不注重漢文學，漢文學只佔其中有限的篇幅，而且幾乎全部談論漢詩漢文。在古典漢文化中，小說向來受到輕視。各國政府禁毁書籍中，小說每每首當其衝。傳統中對小說的保存、記錄、研究都很不夠。域外漢文學中，小說最鮮爲人知，亦最少作爲研究對象，這也是朝鮮、越南、日本各國文學史家，較少論述本國漢文小說的重要原因之一。

但在域外漢文學中，最能表達本民族特質的恐怕要推小說了。各國的漢詩漢文，常是模倣自中國漢詩文，且又受到篇幅的限制，難以對本民族精神作深刻的表現，因而在文學研究中，我們選擇小說研究作爲起點。很多域外漢文小說只以抄本形式流通，其中有的已在該國失傳，幸好尚保存在國外，有的則根本消失。目前域外漢文小說在各國收藏和研究的情況極不一致。日本漢籍保存最好，由於和文小說發達較早，漢文小說數量甚少，幾乎未曾引起文學史家的注意。朝鮮漢文小說數量甚多，近年來無論在本國，還是在外國，都有人從事整理和研究。成績雖然不盡理想，畢竟已漸重視。相形之下，越南情況較差。首先是越南語拉丁化和殖民地的教育，使越南有半個世紀時間割斷和本國漢文化的聯繫，獨立初期的越南仍繼續對漢文化抱敵視的態度；再者，中南半島的氣候本不宜保存古籍，加以連年戰爭的破壞，使得越南漢籍的保存研究在整個域外漢文化區中較爲後進。目前可能讀到的越南文學史，原就忽視本國漢文學，至於漢文小說則幾乎不曾提及，這反映當代越南人的某些政治思想，亦表現出他們對本國漢文小說的了解不深。這些小說，有的反映出越南民族獨立的要求，即使在狹窄的愛國主義觀點下，也應受到重視。由於這些資料仍未被發掘整理和研究，使得我們將越南漢文小說的整理和研究，列爲整體域外漢文小說研究計畫的第一步。

越南漢文小說研究的首要工作是資料的搜集、整理。目前我們所能掌握到的資料，估計現存越南漢文小說大約三十部，約三百萬字左右，太部分是抄本，只有少數刻本。抄本的質量通常不高，需與異本校勘；刻本間也有不同版本可供校勘的。由於這些資料只存在越南、法國和日本的一些圖書館中，不是一般研究者所能接觸，因此作爲越南漢文小說研究的最基本工作就是根據這些資料，經過校勘，編出一套越南漢文小說叢刊，使研究者有機會接觸並使用這一批材料。校勘不單是文字異同的比較，且要根據整個漢文化的知識尋求恢復原作的面貌。且爲幫助讀者的瞭解在每部書前，對作者、版本源流、內容等略作說明。

越南漢文小說依其性質，可分爲下列五大類：

一、神話傳說　如「粵甸幽靈錄」、「粵甸幽靈集」、「新訂校評越甸幽靈集」、「嶺南摭怪」、「嶺南摭怪列傳」、「天南靈籙」、「南國異人事跡錄」等等。這些是越南民族國家和事物起源的神話和傳說，亦包括神祇傳記。

二、傳奇小說　收集到的有「傳奇漫錄」、「傳奇新譜」、「新傳奇錄」、「聖宗遺草」、「見聞錄」、「越南奇逢事錄」等等。因最早一部以「傳奇」命名，以後的仿作又陸續使用「傳奇」爲書名一部分，故採作本類總名。這批小說是文言短篇，類似唐人小說。

三、歷史演義　輯錄的有「皇越春秋」、「越南開國志傳」、「皇黎一統志」、「皇越龍興志」

四種。自十五至十九世紀的越南歷史，幾乎盡入演義中。

四、筆記小說　最早的當推「南翁夢錄」，此外有「公餘捷記」、「南天珍異」、「聽聞異錄」、「山居雜錄」、「雲囊小史」、「大南顯應傳」、「滄桑偶錄」、「安南古跡列傳」、「南國偉人傳」、「南天忠義實錄」、「科榜標奇」、「人物志」等等。這一類是以人物事跡爲主。

五、現代小說　這是本世紀以來，受西方文化和中國白話文學影響而創作的現代白話小說，數量不多，勉強算作一類，可以視爲上四類的附錄。

由於歷史的原因，越南漢文獻在國外藏量最多的，首推法國。法國遠東學院、亞洲協會、國家圖書館、東方語言學院圖書館、基美博物館圖書館和天主教外國差會等處，都藏有越南漢文喃文書。其中以遠東學院所藏最爲重要。遠東學院於一九〇一年創立於越南河內，數十年間搜集了大量中國、越南以及東南亞各國資料。一九五四年越南獨立，遠東學院搬回巴黎，中越圖書全留河內，移交越南政府。其中部分重要書籍製成微卷，分存巴黎、西貢兩地。五十年代以後，該院駐西貢辦事處又從越南南方購得書籍一批，與原有的微卷構成越南漢喃書籍的重要收藏，這是此套叢書主要資料來源。曾經是遠東學院研究員的著名學者馬伯樂（Henry Maspéro）和戴密微(Paul Demiéville）教授，都曾在越南住過，並收藏不少的越南漢文書，他們的藏書在逝世後都捐給亞洲協會圖書館。兩氏的越南藏書中頗有漢文小說資料，是我們這套叢書資料的另一重要來源。其它法國圖書館雖也收藏不少的越南書籍，但小說資料不多，就不一一述及了。

編纂越南漢文小說叢刊是由我發起的。多年來我留心搜集這方面資料，並作初步的標點和校勘。但資料數量很多，全面校勘需要大批人力，身處海外，缺乏條件。且因我有其它研究工作，不能將全部時間投入漢文小說整理和研究中，這些資料一直沒有整理出版。當然，要找到願意刊印這批冷門的研究材料的書局也不容易。一九八二年，我到臺北，和朋友們談及漢文學研究的構想，提到出版越南、朝鮮、日本三國漢文小說叢書的計畫，臺灣學生書局惠允出版這套叢書，中國文化大學中文系教授王三慶兄又應允負責主持校勘工作，並於該校中文研究所成立校勘小組，成員有鄭阿財、朱鳳玉、郭長城、廖宏昌、許鳴鏘、陳益源、康世昌、謝明勳等，分別對各書進行校勘和標點工作。三慶兄並邀得龍思明女士，負責將資料中雜入少數字喃翻成漢文，至此萬事俱備。經過多年辛苦的校勘整理，終於告一段落，始能推出排版。

這次出版的是越南漢文小說第一輯，約為現存越南漢文小說百分之六十左右。其它小說有的版本尚未集全，且校勘仍需時日，只好留待下輯出版。本輯共分七册，第一、二册為傳奇小說，包括：「傳奇漫錄」、「傳奇新譜」（附「段氏實錄」）、「聖宗遺草」、「越南奇逢事錄」四種；第三、四册是歷史演義，包括：「皇越春秋」、「越南開國志傳」；第五册是「皇黎一統志」；第六、七册則為筆記小說，包括：「南翁夢錄」、「南天忠義實錄」、「人物志」、「科榜標奇」、「南國偉人傳」、「大南行義列女傳」、「南國佳事」、「滄桑偶錄」、「見聞錄」、「大南顯應傳」等共十種。至於這套叢書的校勘事項，參見「校錄凡例」，各書的個別問題，則參考各書前的「出版說明」。「出版說明」除指出所用版本及校勘諸問題外，又介紹該書的作者資料。各書校勘者芳名標於該書扉頁。三慶兄和我將校稿各看了一遍，作成最後定稿。

這套叢書得以順利印出，首先要感謝法國遠東學院院長 Gross 教授和圖書館館長Rageau夫人，他們贊同我所提出的漢文化整體研究的構想，接納我在遠東學院建立漢喃研究小組的建議，使得越南漢文小說研究計畫成為學院研究計畫的一部分，因而得以充分利用該院的資料和設備。遠東學院並與學生書局合作出版這套叢書。我的越南同事、漢喃研究組成員謝仲俠先生，以他賅博的越南漢籍知識，提供我搜集資料及撰寫「出版說明」的線索，又提供他珍藏的日本東洋文庫「舊編傳奇漫錄」的膠捲，衷心銘謝。我的研究助理譚惠珍小姐自始至終參與資料的搜集和標校工作，備極辛勞，深爲感謝。

我還應該感謝法國漢學院院長、巴黎第七大學教授吳德明（Yves Hervouet）先生、法國亞洲協會圖書館負責人、高等社會科學學院蘇梅野（Michel Soymié）教授和法國科研中心中國文學歷史研究組負責人、高等社會科學學院侯思孟（Donald Holzman）教授的支持和協助。

本書出版是王三慶教授所領導的中國文化大學中文研究所「越南漢文小說校勘小組」成員的勞績。

最後感謝臺灣學生書局諸位執事先生對文化的熱誠，同意出版這麼一部冷門書。臺灣大學外文系教授王秋桂兄大力協助本書出版，亦於此誌謝。

陳慶浩　一九八五年十月於臺北

「越南漢文小說叢刊」校錄凡例

一、本編小說一律選擇善本作底本，各本文字則據底本原文迻錄。
二、除底本外，若有其他複本可資參校，間有異文，並擇善而從，且加註說明，以存底本眞象。
三、唯因異文數量頗夥，故除傳奇漫錄作全面採錄外，他書僅擇錄對於文義、修辭等具有參考價値之異文。若語氣辭等不具特殊意義之異文，爲省篇幅，一律不加採錄及說明。
四、若文句未順，又乏校本可據者，爲使讀者得一通讀之善本，則據文義校改，並加註說明，以存底本眞象。
五、凡爲補足文義，若有意加文字，則以〔　〕號示別。若爲譌錯之通假字，則在原字下加（　）號，增列通行正字，供作參考，以別正文。
六、原底本若經抄者自校，或經藏者改正，但錄改正後之文字，並一律不加註文說明。若是後人臆改，而不從其改後文字，必加註說明。
七、凡底本或校本俗寫、偏旁誤混之字，隨處都有，此抄本常例，今皆根據文義逕改，不煩加註，以省篇幅。
八、又迻錄時，皆加標點分段，並加專有人名、書名、地名號，普通名詞則一律從略。
九、凡正文下雙行註文，一律小字單行標示，唯其加註位置或誤，則移至適當地位，並加註說明。又如傳奇漫錄註文極多，爲不影響正文閱讀，則移至正文後校註中，凡此等移動，今皆加註說明。

十、凡正文中偶有喃文，一律譯作漢文，並加註說明。

科榜標奇

目錄

卷之四　陳朝狀元……二九

卷之五　莫朝狀元……三五

卷之六　翰墨傳香考上……四五

卷之七　翰墨傳香考下……五五

卷之八　昆玉疊登考……六五

南國偉人傳 目錄

【校勘記】

❶「帝王」二字原無，據文例補。

❷「尊」，一本作「宗」。

❸「黎來」，底本無，據它本補入。

大南行義列女傳　目錄

【二】列女傳……一二三

南國佳事目錄

桑滄偶錄上冊

目錄

該卷上四十傳

【校勘記】

❶「京城傭」原在「烈婦段夫人」上，今據內文調整。

桑滄偶錄下册

目　錄

該卷下五十傳

見聞錄　目錄

二、卷之二

大南顯應傳

目錄❶

【校勘記】

❶「目錄」二字下，註云：「原本無有」，示抄錄者後加。

❷ 此目抄錄者脫，今據正文內篇目補加。

❸ 此目抄錄者脫，今據正文內篇目補加。

科榜標奇

鄭阿財 校點

科榜標奇　出版說明

潘輝溫原名輝注，字仲洋，號雅軒；中進士後改今名，改字和甫，號止庵，天祿收獲人。生於景興十六年乙亥（一七五五），卒於景興四十七年丙午（一七八六）。輝溫於景興四十一年中進士，曾任西山及太原督同，翰林待制，封美川伯。其傳參歷朝登科錄卷三及潘家世祀錄（A.2691）。輝溫著有登科備考，補阮浣等登科錄之作，科榜標奇可視爲備考外編。又輝溫父輝益，兄輝益，皆爲科榜中人，父子兄弟同朝，當時傳爲美談，其作標奇，亦非無因。湜輝可能爲義安雜記（A 93）原作者，雜記將義安中舉者按縣列出，後經潘輝瀎增補。

潘輝注歷朝憲章類誌卷之四十五文籍誌傳記類云：

科榜標奇四卷

進士潘輝溫撰，標列科甲奇事或早登三元冊科諸考，記載詳備。

按現存本科榜標考八卷，與潘誌所錄有別，不知是後人補續增添，抑就原書另加細分？

此書未見刊行，抄本原藏遠東學院，編號A 539，現藏河內漢喃研究所，今據抄本微捲作校。此抄本殘缺錯簡情況甚嚴重，估計抄本所據原底本已如此。其卷一前有一葉，實應爲卷一文字，今回移。卷一後半實應爲卷三文字，原抄本卷三內文佚去，今回移，然已缺去前半，卷三不全，且錯亂特甚。卷八後缺二條，亦不全。抄本可能據未完稿本抄錄者。因是未完稿，體例仍不統一。

如卷三目錄所列名人，即不按其中狀元年代前後排列，只是隨便編入者。此爲現存孤本，內無異本可參校，只能就其目錄正文體例作校，其分合情況，可參卷後校記。

書影

科榜標奇

統元丙戌該二十六科、內惟戊寅一科無廷試、賜
進士、共九百八十九名、內狀元二十員、
內有再舉六員、寔存九百八十三員、
中興自
順平申寅始置制科迄
正治乙丑、
嘉泰丁丑、三科、一二科只百分第無廷試登科凡二十八名、一
甲十二、二甲十六、

二十二科、進士共四百八十四名、
內有附翼阮維垣被告、永昌阮維亭久黜、又青
林人阮嘉佐、安豐陳爲仁丁憂、並不預廷試、
內有狀元十一名、
其安陽阮澧、以從弘王不預廷試、仁睦門阮中、
青池阮沆、被告、不在此數、

科榜標奇

卷之一　登科員數考

後學雅軒潘輝溫、和甫輯　自大寶至統元凡二十員。

謹按：歷朝登科錄卷三頁六十七行六公天祿收獲人，省元二十五中。輝盎之子，輝益之弟，父子兄弟同朝。按李陳及潤胡未定科限，又所取名數未詳，或有存其數，而姓名無傳者，世遠跡湮，無從稽考，姑闕之。

國初天慶丙午冬，太祖幸東都，親試諸生，取甲第陶公僎（仙侶人）等二十六名，乙第阮宗偉（缺住址）等六名，共三十二名。

順天己酉試明經，取趙泰（立石人）等；辛亥試宏詞，取阮天錫（仙遊人）等；癸丑親策，取朱車（安富人）等。

紹平乙卯，太宗御試雲集堂，取阮日宣（缺貫址）等，總計取士之科凡五，然皆出自特置，科限未定，員數未詳，非某之所能知也，謹斷自壬戌科爲始。大寶壬戌，始置進士科❶。

統元丙戌該二十六科，內惟戊寅一科無廷試。賜進士共九百八十九名，內狀元二十員，內有再擧六員，實存九百八十三員。中興自順平申寅始置制科，迄正治乙丑、嘉泰丁丑三科(一二科只有分第，無廷試。)，登科凡二十八名，一甲十二，二甲十六。

光興庚辰，始復置進士科，歷至辛丑科，凡六十七科，惟永祚癸亥一科無廷試。取進士共七百二十五名，內有安朗人阮璘曳白、東城人吳興教病，未及廷試。內有狀元六名。

通計自壬戌開科至辛丑，凡九十六科(無廷試二科、制科三科。)，取進士共一千七百四十二員名，除兩中六進士，只一千七百三十六員。

附：莫自登庸明德己丑設科，至洪寧甲辰，共二十二科，進士共四百八十四名。內有附翼阮維垣被告，永昌阮維寧欠點，及青林人阮嘉佐、安豐陳為仁丁憂，並不預廷試。內有狀元十一名。其安陽阮澧以從弘王不預廷試，仁睦門阮中、青池阮被告，不在此數。❷

【校勘記】

❶ 「科」原作「科閱」，刪去。原稿接下一大段，原屬卷三，錯抄於此者，現移回。

❷ 由「統元丙戌該二十六科」至「不在此數」一大段，原稿置於卷一之前，按其內容次序，應回移至此。

科榜標奇　卷之二　國朝狀元考　上　目錄

一、阮貝溪　河內應和青威
二、阮扶良　北寧慈山武江
三、梁高香　南定義興天本
四、武安越　北寧順安超類
五、武日昭
六、范海潮　南定先興御天
七、阮平吳　北寧順安嘉定
八、陳桐溪　海陽南策青林
九、武程舍　山西臨洮山圍
十、武蔓汭　海陽南策青林
十一、嚴蓬萊　北寧慈山桂陽
十二、杜外朗　南定建昌舒池
十三、黎青朗　海陽荊門水棠
十四、黎老辣　清華河中淳祿
十五、阮翁墨　北寧慈山東岸
十六、黃良舍　河內應和彰德
十七、阮耕穫　河內應和青威
十八、吳三山　北寧慈山東岸
十九、黃春雷　北寧慈山武江
二十、陳月盎　海陽荊門安老

科榜標奇 卷之二 國朝狀元考 上

後學雅軒潘輝溫、和甫輯

【一】貝溪阮公（阮直字公挺）

公姓阮，諱直，字公挺，青威貝溪人。父時中，素有學術，明人聞其名，徵爲國子監教授。尋稱疾，乞致仕。工於詩，號貝溪子，有詩集行于世。尤善風水，是安山義鄉吉地，因即其地而家焉。娶本鄉女，生公。公生而穎悟夙成，博習群書。太宗大寶三年壬戌，開進士科，公應舉預禮圍〔闈〕選，廷試賜狀元及第。

按：是科以題調左僕射黎文靈監試，侍御史趙泰、翌日承旨阮廌、博士李子晉等，奉進讀卷，賜黃榜三十三名，公狀元，青池會元阮如堵榜眼，嘉福人梁如鵠探花，不拔人陳文徽等七人進士出身，彰德吳士連等二十三人同進士出身。後光順間，追立進士題名碑記，以是科為始。

時公年纔二十歲。太和己巳，由南策安撫陞侍講，奉往北使。

按：世傳公往使，再中明朝首選，世稱兩國狀元。今其謝北人表尚存，有「四場鏖□，幸居多士之魁」一句，但未知的否。武公捷記載公與鄭鐵長奉使，事蹟甚詳，但查國史，未光順初，曾見公與鄭公同使命者，此疑有誤，茲不錄。

中書監守中書會知三館事大僚班，特授承旨兼國子監祭酒，有樗藔詩集行于世。

按：公晚年多病，嘗乞歸，故形於詩有云：「病承天詔許留京，歸計如今一未成。何日西山山上路，簑衣小笠看春耕。」丙戌偶成詩云：「大庭曾對三千策，浮世虛生五十年。不是無心來禁省，只緣多病憶田園。」其他題詠諸律，具見越音集。舊錄載公有妹侍延寧朝，典封皇后，查國子監藏板無言，又於史無所見，故不錄。

【二】扶良阮堯咨

阮公，武寧（今武江）扶良人。仁宗太和戊辰科，會試會格，（是科天施人鄧宣會元）庭試賜狀元。

按：是科賜黃榜二十七人，公狀元，安定人鄭鐵長榜眼，四岐人朱添威探花，瑞英人阮茂等十二人黃甲，青威人段仁公等十二人同進士。鐵長與同進士阮厚祺前科旣中，恨不魁，辭歸，至是科復中。

初授直學士，尋授以新興安撫，己卯往北使，仕至掌六部尚書。

【三】高香梁公（梁世榮）

公姓梁，諱世榮，天本高香人。少有神童名，於書無所不讀。聖宗光順癸未，會試合格，庭試賜狀元。

按：是科賜黃榜四十四名，公狀元，青林人阮德貞榜眼，青關人郭廷寶探花，唐安人范會等十五人黃甲，桂陽人阮廷魁等二十六人同進士。是科帝命置三魁彩，旋書三公姓名，令天下共知。

時公年纔二十有三，應制第一。

初，光淑皇太后夢至上帝所，上帝賜以一位仙童爲嗣，又許一位仙童子爲輔。及覺，遂有娠，生聖宗。至是科得公，太后驗其形貌，宛然夢中所見童子，心異之，以告天子。天子奇其事，且愛公文章，遂令密陪詞幄。

洪德中，天子稱騷壇元帥，及選朝臣能詩集者，充二十八宿。公預騷壇洒（酒）夫，奉賡答御詩，具見明良錦鏽及瓊花九歌集。奉往北使，應對敏捷，聲聞兩國，交邦辭命，多所擬撰，明人常以國中有人稱之。官歷翰林侍講、入侍經筵，掌翰林院事，知崇文館，號睡軒先生。嘗定大成算法，學問甚博，性好詼諧，喜撰異端科教人，以是責備云（外孫楊鎭中莫大正乙未進士，官主侍郎伯爵。）

【四】安越武公（武傑）

公姓武，諱傑，超類人。洪德壬辰，會試合格，（文江人黎俊彥會元）庭試賜狀元。

按：是科賜黃榜二十七名，公狀元，唐安人阮金安榜眼，東岸人王克述探花，唐安人武德康等七人黃甲，東岸人褚豐等十七人同進士。

時年纔二十，官至左侍郎，兼東閣校書。

遠孫阮登龍移屋廣德工部坊。年三十三，登永治丙辰進士第，再中東閣。官至參政男爵致仕，壽八十歲，世推三榮，具見三榮考。

【五】日昭武公（武璿昭）

公姓武，諱璿昭，廣德日昭人，屋南眞古椰。洪德乙未，會試合格，庭試賜狀元。

按：是科賜黃榜四十三名，公狀元，慈廉人翁義達榜眼，東城人一舉會元高炯探花，唐安人范燦等十三人黃甲，嘉福人杜榮等二十七人同進士。

時公年五十歲，官至吏部左侍郎。

【六】海潮范公（范敦禮字虞卿）

公姓范，諱敦禮，字虞卿，御天海潮人，屋金華淸閒。母感蛇精而孕，遂生公。舉鄉試解元，洪德辛丑會元，庭試領狀元及第。

按：是科進士四十名，公狀元，永福人劉興孝榜眼，（臚）青威人劉允迪探花，安勇人吳文景等八人黃甲，東岸人阮明通等二十九人同進士。傳爐前一日，帝夢見一女人却衣裙裸體，舞於殿前，果得公名，與夢中所見叶云。

天子特加恩典，賜以良馬送歸第。時公年纔二十七，世稱三元及第，官至左侍郎。

兄子元振，年十八，登景統己未進士，官至僉都御史。俗人俚言云：「敦禮底嵛。」

【七】平吳阮公（阮光弼）

公姓阮，諱光弼，嘉定平吳人。洪德甲辰，會試合格，（良才人范智謙會元）庭試賜狀元。

按：是科黃榜四十四名，公狀元，青威人阮珏榜眼，峨山人枚維精探花，唐豪人吳文房等十六人黃甲，青池人朱廷寶等二十五人三甲同進士。是科帝夢見唐臣光弼子儀入朝，廷元果得公，及唐豪人范子儀亦預同進士。

時公年纔二十有一。公天性忠義，結宸知。景統末，官都御史。憲廟大漸，與禮部尚書覃文禮同受遺詔，與文武大臣共立肅宗。及威穆帝即位，深啣前日不立己之恨，以姜種汝爲謀貶二公。行廣南承宣使，至眞福大江，使人道追，逼令自盡。公以忠義得禍，聞者哀悼。廷臣憫其無罪，以爲言，帝歸罪於汝爲，殺之以滅口。迨洪順起義，追封吊祭，以旌其忠。

【八】桐溪陳公（陳崇穎）

公姓陳，諱崇穎，青林桐溪人，屋蔓汭社。舉鄉試解元，洪德丁未，會試中格，庭試賜狀元。

按：是科進士六十名，公狀元，至靈人阮德訓榜眼，安勇人申景雲探花，水棠人武耿等三十人黃甲，會元青池人范珍等二十七名同進士。陳，阮二公，文體同項，帝命明察其身言書判，見公才敏優於阮，特賜狀元。

時公年纔三十三，應制合格，官至戶部尚書，得罪被收，後爲福神。

按：弟能，屋關山社。年四十九，登洪德癸丑黃甲，官至吏部左侍郎，節義贈禮部尚書。能孫寶，改名珷玞，屋青威耕穫。舉鄉試解元。年三十，中莫廣和辛丑進士，再中東閣，官至參政伯爵。寶孫春榜，由講論，年四十三，登永壽辛丑會元，廷〔試〕黃甲，官至參政，善相地。

【九】程舍武公（武義之，武睿）

公姓武，諱義之，奉改睿，山圍程舍人，時號神童。自鄉試一擧，洪德庚戌會試合格，（扶軫阮敍四塲並第一。）庭試賜狀元。

按：是科進士五十四名，公狀元，青林人吳煥榜眼，永賴人劉舒彥探花，安豐人黎俊懋等十九名黃甲，梁舍人黎廷适等二十二名同進士。

時公年二十有三。公爲人慷慨，有大節。聖宗嘗曰：「他日國有事，此人足以當之。」景統初，任海陽參政。光紹中，累遷貞懿秉文功臣，吏部尚書兼東閣大學士，入侍經筵少保程溪侯。時值板蕩，公盡心徇國，規諷之旨，具見於詩。（見國史。）及登庸擅政，公從光紹帝至藍山，拜陵廟，退而自刎，國朝論節義推第一。景治丙午，追封上等神，錄用其裔，蠲其子孫征役。

【一〇】蔓汭武公（武暘）

公姓武，諱暘，青林蔓汭萬年村人。擧鄉試解元，洪德癸丑會試，預會元，庭試賜狀元及第。

按：是科黃榜四十八名，公狀元，東岸人吳忱榜眼，青林人黎熊探花，至靈人賴德輶等二十三人黃甲，東岸人阮廣懋等二十二人同進士。

時公年二十有二，世稱三元。應制合格，預騷壇二十八宿，善步御詩韻。洪德乙卯，奉往北使，官至工部尚書。

【一一】蓬萊嚴公（嚴湲，嚴瑗）

公姓嚴，諱綏，改瑗，桂揭蓬萊錦幢村人。洪德（二十七年）丙辰，會試中格，庭試賜狀元。

按：是科會試，取四十三名。及庭試，帝引見，閱其容貌，取三十名，公狀元，會元武江人阮勛榜眼，青林人丁流金探花，青河人丁勔等八人黃甲，武江人阮道演等十九人同進士。時公與阮公，文體同項。帝夢見虎食人頭，仍賜公狀元。

既登第，天子以公主嫁之，榮歸抵家，爲舊妻所酖。

【一二】外朗杜公（杜履謙）

公姓杜，諱履謙，舒池外朗人。世傳其母日暮汲水，見雙星墜水瓶中，心知其吉兆，竟飲之，果生二男：長子公，次子茜。公生而聰慧，博通經史。憲宗景統己未，會試合格，庭試賜狀元。

按：是科賜黃榜五十五名，公狀元，弘化人會元梁得明榜眼，安豊人阮克儉探花，羅山人黃徽等二十四人黃甲，宜春人陳伯良等二十八人同進士。

憲宗親製詩賜之，有曰：「大比三年薦禮闈，執經多士會京師。九重天子求賢日，十載書生獻策時。金榜已先題拱壽，慶雲隨見唱韓琦。致身既得文章顯，堯舜君臣我所期。」其寵異如此。改名益，官至副都御史。洪順庚午，奉北使，至憑祥州病沒，贈都御史。弟茜，端慶戊戌會元進士，官至尚書，被賊擒，死。

【一三】青朗黎公（黎益沭）

公姓黎，諱益沭，水棠青朗人。景統壬戌，會試合格，（羅山人阮翼四場並第一）庭試賜狀元。

按：是科黃榜六十一名，公狀元，青池人黎巑榜眼，永賴人阮文泰探花，先明阮景演等二十四名黃甲，桂陽人范謙柄三十四人同進士。

公時年四十四歲。是科廷策，取佛經爲問，公前曾爲道士，涉獵梵典，條對一一明白，獲魁多士。官至左侍郎，致仕。

【一四】老辣黎公（黎鼐）

公姓黎，諱鼐，貫唐安慕澤，原貫淳祿老辣人。祖景詢，始就母貫慕澤居焉。胡末，上伯耆萬言書，尋與長子太顚，俱爲明人所執，送死于燕京。次子叔顯、少穎，從太祖起義，國初並躋顯宦。一門父子兄弟，並以義烈文學名于時。少穎孫鼐，威穆帝端慶乙丑，會試四場並第一，庭試賜狀元，時二十七。

按：是科賜黃榜五十五名，公狀元，壽昌人裴元榜眼，彰德人陳桀探花，超類人阮肖象等十六名黃甲，青林人阮敦礎等三十六人同進士。

登第後，歷典成均，官至左侍郎，贈道溪伯。按公善飲，嘗戲爲讚以自述。受業於同邑武先生瓊，瓊愛其才學，以女歸之，今公祭瓊文尚存。

弟鼎，洪順辛未黃甲，仕至都給事，兄弟同朝。子光賁，三十三中統元丙戌黃甲，仕莫。北使，留十九年始回，陞尙書蘇郡公，以其事皆蘇武也。光賁曾孫公朝，三十五登永壽乙亥進士，官至承使。

【一五】翁墨阮簡清

公姓阮，諱簡清，東岸翁墨人。父簡廉，以文章充知縣，年二十三，登洪德戊戌進士，官至都科。（後以子蔭贈太尉）簡清之學得之家庭，端慶戊辰，會試合格，（會元杜瑩）庭試領狀元。

按：是科進士五十四名公狀元，安豐人許三省榜眼，東岸人阮有嚴探花，水棠人陳倧等十五人黃甲，維先人阮義壽等三十六人同進士。

公時年二十八。官歷翰林侍書、兼東閣大學士。從莫奉使，仕至禮部尚書忠輔伯，贈侯爵，有詠史及滄崑珠玉集行于世。

【一六】良舍黃公（黃義富）

公姓黃，諱義富。其先彰德良舍人，原姓陳，避諱改程，後移居青威中❶之玄俠村程公清中順天己酉宏詞科，官至內院正掌，天和癸亥，奉往北使，號竹溪先生，有詩集行于世其子孫遂世屋玄俠，後別為丹俠社，（今即多佑社。）世守學殖。族人允明，年三十三，登洪德甲辰同進士，官至尚書、兼東閣大學士，侯爵致仕，壽七十四。義富其長子也，生而聰慧，博學強記。襄翼洪順辛未，會試合格，（青林人阮泰花會元）庭試賜狀元。

按：是科黃榜四十七名，公狀元，宜春人陳保信榜眼，山明人武維周探花，富川人陳允協等九人黃甲，青池人陳允明等二十五名同進士。允明與安朗人阮維祥、良才阮拔萃，於戊辰科，年皆二十四，同登進士。恨不魁，辭歸。是科三人並中。

官至參知政事，兼都御史。

按：義富字清美，年二十七，登莫大正戊戌科同進士，官至承使、兼祭酒伯爵。父子祖孫，三世繼登科，事蹟詳見傳香考。同族璁，由少(年)十八，一舉統元丙戌進士，官至監察。璁弟瑜，莫大正壬辰黃甲，官至侍郎，皆清之裔孫也。

【一七】耕穫阮德亮

御德亮，青威耕獲人，原姓覃，始改阮。父伯驥，登光順癸未進士，官至兵部尚書。德亮初名騤，改德亮。洪順甲戌，會試合格，（盛光人阮秉德會元）庭試賜狀元。

按：是科進士四十三名，德亮狀元，安豐人阮昭訓榜眼，錦江人阮仕明探花，天姥人阮瑀等二十人黃甲，四岐人阮秉彝等二十人同進士。

奉使，官至禮部左侍郎，贈尚書。

子匡禮，大正乙未同進士，奉使，官至侍郎。從兄阮述端慶乙丑同進士，官至提刑。甥阮倩，亦中莫狀元。舅甥並狀元，世所布（稀）云。

【一八】 三山吳勉紹

勉紹，東岸三山人。父忱，洪德癸丑榜眼，官至侍書，預騷壇二十八宿。（忱兄綸，洪德乙未進士，再中東閣，官至尚書。）勉紹淵博之學得之家庭。昭宗光紹戊寅，會試中格，庭試賜狀元。

按：是科進士十七名，勉紹狀元，山圍人兩元阮敏篤榜眼，唐安人劉啓㪚探花，錦江人賴金榜等六人黃甲，唐安人阮廣等八人同進士。

時年二十，從莫，官至吏部尚書、兼都臺伯爵致仕。子寅，由顯恭大夫，一舉莫景歷庚戌同進士，再中東閣，官至戶部左侍郎，贈尚書伯爵。縯弟繹，亦中莫光寶丙辰進士，官至參政。父子祖孫，三世五登，與阮耕穫、黃良舍同其盛云。

【一九】 春雷黃文贊

文贊，武江春雷人。統元癸未，會試合格，（東安人解元阮貫道會元。）庭試對，擢狀元。

按：是科黃榜三十六名，文贊狀元，桂陽人阮銓榜眼，阮貫道探花，良才人段廷章等八人黃甲，壽昌人阮畜等二十五名同進士。

與阮文泰附登庸，作禪詔，遂仕莫，官至禮部左侍郎，世譏其爲科名之累云。

【二〇】月盎陳必聞

必聞，安老月盎人。統元丙戌，會試合格，（良才人范廷光會元）庭試領狀元。

按：是科進士二十名，必聞狀元，良才人阮文獻榜眼，超類人劉忠允探花，黎光賁等四人黃甲，范廷光等十三人同進士。

從莫，往使，官至尚書伯爵。

子藻，由顯恭大夫，一舉莫淳福乙丑同進士，官至承使。

【校勘記】

❶「青威中」下原有「青威」二字，疑為衍文，今刪。

科榜標奇　卷之三　國朝狀元考下　目錄

一、阮扶軫　北寧慈山東岸。
二、阮月盎　河內常信青池。
三、鄧扶董　山西廣威不拔。
四、劉芳烈　河內常信青池。
五、阮懷抱　北寧慈山仙遊。
六、鄭槃山　清華紹天永福，舊華紹靖嘉廣昌。

科榜標奇　卷之三　國朝狀元考下❶

【一】唐安汝公❷

永祐丙辰會試中格，（唐安人汝公瓚會元）廷試擢狀元。

按：是科黃榜十五名，公狀元，維先人阮國僘探花，天祿人黎阮滂黃甲，其兄黎阮霑等十二人同進士。

是科廷試，王府擇閣，公以宗室中人，擢居首選，雖其學力做到，人不能無竊議焉。永祐中，累蒙顯擢，不數歲，位參從刑部尙書侯爵。毅祖攝政，以公進不純正；且致位政府，不能力支世變，却與群小交通，非大臣風節，因黜。授祭酒，歷授山南贊治承政使、司署承政使。未幾卒，贈右侍郎。公性恬淡，尤喜佛釋。

【二】扶董鄧公❸

懿宗祐之子孫各變易姓名，徒〔徙〕居四方。一派居彰德良舍，爲鄧外戚之族。後有廷相中進士，官至大司馬。一派居山明洞費，爲鄧用周之後族；一派居慈廉雲耕，爲陳櫃、陳栢之族。有遷於慈廉上安泱居焉。後出鄧公瓚，年二十七，登光紹庚辰同進士，官至兵部左侍郎，行承使。公瓚之子孫，復遷於仙遊扶董，遂爲扶董人。公則公瓚之曾孫也。公篤學多聞，尤工於詞藻。神宗永壽辛丑，會試合格，廷試擢狀元及第。（是科進士十三名，公狀元，永賴人陶公正榜眼，彰德人阮珪探花，會元青林人陳春榜、先豐人黎致平黃甲，農貢黎仁傑等八人同進士。）時年四十，應制預合格奉第一，奉使。乙卯，官吏部左侍郎，累遷參從，兵部尚書子爵，尚書伯爵。（孫公演舉秋試解元，歷受知縣。保泰丁未，會試領會元，廷試同進士。）

【四】芳烈劉公❹（劉名公）

公姓劉，諱名公，青池芳裂人。少有神童名，弱冠登泮，預中士望。二十七，值玄宗景治庚戌大比，（是科九月鄉試，十月會試。）會試合格，（先豐陳世榮會元）廷試擢狀元。（是科進士三十一名，公狀元，東山人韶仕林探花，唐豪黎有名、唐安武廷臨黃甲，雷陽人黎雄稱二十七名同進士。）公對策遺舛至十二字，然條對洋洋，文辭純雅，終得不黜。應制合格第一，官至翰林侍讀，年三十二卒。初公與會元世榮於丁未科，考官已寘在中格，及奉讀被黜，至是皆領魁元。

【五】懷抱阮公❺（阮登道，阮登璉）

公姓阮，諱登道，改登璉，仙遊懷抱人。其人先世守學殖，伯父登鎬公、父登明公，以文章馳名，眞宗福泰丙戌，兄弟同擧進士。登鎬會元，廷元探花，（文宜黃甲，御批探花。）時年纔二十八，登明年二十四，兄弟同科，鎬再中東閣第一。（詳見兄弟同科考）登明公後官至祭酒男爵，致仕，壽七十四。娶于天祿芙留塲廷元功臣尚掌贈司徒阮公文階之女，生二子，長登遵，次公。登道年二十五，擧嘉宗陽德癸丑同進士。公之學得之家庭，少與兄遵並以文學知名，而蘊蓄過之。既遊泮，中士望科，累調員外郎。熙宗正和癸亥會試合格，（由〔壬〕戌年陽王賓天展試，至是冬始開科會試，甲子年春二月二十二日始廷試。）廷對擢狀元。（是科進士十八名，公狀元，慈廉人會元范光宅榜眼，東岸人郭佳探花，仙遊人阮當湖黃甲，嘉林人陳善述等十四人同進士。）時年三十三，應制第一，父子兄弟同朝，奉往北使，官至禮部尚書，兼東閣學士伯爵，贈吏部尚書郡公。（孫茂述，中允副知番，奉准寺鄉知户番，進朝應務，官至會都致仕，陞右侍郎，年七十餘以壽終。）

【六】 榘山鄭公穗❻

公諱穗，永福榘山，宗室太王弟厚郡公之後，屋廣昌不群。舉秋試，累補郎中。公刻心學業，文學醞籍〔藉〕。❼

【校勘記】

❶ 原書四卷只存目錄，內文全缺，部分錯簡抄入卷一中，今回移。回移各段無小標題，今按其內容一一標出其次序與目錄不同，因目錄所列次序，亦非按時代先後排列，故此處不依目錄更動正文之次序。此卷標題原書缺，依目錄補入。

❷ 正文缺抄一行，述此人姓氏籍貫，故依例缺去，待查出再補。

❸ 原文無此標題，按內容及卷二之體例補入。此條目錄中為五，因原文殘缺錯亂，故此處排為二。

❹ 原文無此標題，依內容及卷二之體例補入。此條目錄中為六，因原文殘缺錯亂，故此處排為三。

❺ 原文無此標題，依內容及卷二之體例補入。此條目錄中三，因原文殘缺，故排於此。又此條

❻ 正文內前缺一段，述鄧氏姓名籍貫。原文無此標題，依內容及卷二之體例補入，此條目錄中為四，因原文殘缺錯亂，故編於此。

❼ 以下殘缺。

科榜標奇　卷之四　陳朝狀元　目錄

科榜標奇

卷之四　陳朝狀元

陳初取士，僅有三甲之分，未賜狀元，賜狀元自阮公始，九員。

後學雅軒潘輝溫、和甫輯

【一】三山阮公（阮觀光）

公姓阮，諱觀光，東岸三山人。陳太宗應天政平丙午大比，預賜狀元。

按：是科大比取士，始定進士科以七年為準，公狀元，錦江人范文俊榜眼，丹鳳人王有馮探花，太學生四十四人出身有差。

時年二十有六，官至僕射，贈大司空。

【二】陽阿阮公（阮賢）

公姓阮，諱賢，上賢陽阿人。公生而聰穎夙成，政平丁未大比，預狀元。

按：是科大比，取四十名，始置三魁，公狀元，東山人黎文休榜眼，彰德人鄧摩羅（探花），黃甲出身三十七名。

時年纔十有三，以年幼應對，未識尊辭，令回家學禮，待三年後用。公既歸，因終養不仕。時有北使至，出十六字云：「兩日雙頭，四山顛倒，四口同心，兩王爭鬥。」舉朝寂然莫辨，帝命召公至。公答是田字，北使褒稱國中有人。使回，復辭歸。有所著鴨子辭雞母赴池賦傳于世。

按：雜傳載公與同年黎、鄧二公應答聯詠，疑出後人附會，故不錄。

【三】汪下陳公（陳國初）、橫山張公（張燦）

陳公諱國初，青林汪下人；張公諱燦，橫山橫蒲人。元豐丙辰大比，是科始有京寨狀元之別。

按：大比取四十三名，陳公京狀元，張公寨狀元，細江人朱馨榜眼，陳淵探花，黃甲出身二十九名。國初京狀元，燦寨狀元。國初尚主公，沒後為福神，燦歷仕未詳。

【四】青沔陳公（陳固）、東城白公（白遼）

陳公諱固，青沔范壓人，屋東岸扶祿；白公諱遼，東城阮舍人，屋青林義閭❶，明敏強記，讀書能十行俱下。

按：聖宗紹隆丙寅大比，取四十七名，公狀元，弘化人阮紘榜眼，夏儀探花，黃甲以下三十七名。

陳公賜北京狀元，白公寨狀元。陳官至天章閣大學士，（或云至尚書。）白不樂仕進。時上相光啓管義安，公為門客，竟不仕，今祀為福神。

【五】甫里陶公（陶椒）

陶公諱椒，東山甫里人。寶符乙亥預賜狀元。

按：是科大比，取士二十四名，榜眼缺名，郭忍探花，黃甲以下二十二名。公今為福神。

【六】 隴洞莫公（莫挺之）

公諱挺之，至靈隴洞人，世傳李朝尚書顯蹟之後，英宗興隆甲辰預狀元。中格四十四名，公狀元，青威人裴慕榜眼，清化人裴放探花，土黃人阮忠彥以下四十一名，黃甲出身。公文學優長，常作玉井蓮賦以見志。（見群賢賦集。）興隆間，奉往北使，北人稱羨。使莫日，有裂雀銘扇，見國史，茲不復贅。世傳有公所撰對聯祭文，疑出北作，非眞出公手，故削不載。居官有廉名，（在明宗時，有奉行事，具見國史。）官至大僚斑左僕射，號節夫先生。七世孫登庸僭號。

【七】 灘溪陶公（陶師錫）

公姓陶，諱師錫，安勇灘溪人❷，屋安朗理海。睿宗隆慶甲寅賜狀元。

按：是科　上皇藝宗居天長重華宮，庭試進士，公狀元，黎獻甫榜眼，東潮人阮廷琛探花，淳祿人羅條、錦江人范煥、上福人吳渾以下四十四名，黃甲出身。

自鄉舉至庭試皆第一，仕至行譴，與胡季犛不合，降中書侍郎，同知它刑院事。

【校勘記】

❶「義閭」下原有「人」字疑為衍文，今刪。

❷「人」字原在「理海」下，今據文義移此。

科榜標奇

卷之五　莫朝狀元　目錄

科榜標奇 卷之五

莫朝狀元 凡十一員。

後學雅軒潘輝溫、和甫輯

【一】賴屋杜綜

杜綜，文江賴屋人。父絪，年二十，登洪德癸丑黃甲，後改名岳。奉使，官至戶部尚書、兼都御史、東閣大學士、入侍經筵。以直諒與登庸忤，遂爲所殺。朝廷軫其寃，贈少保，謚文節，號義山先生，有詠史集行于世。絪生二子，長綜次縉。綜年二十六，登庸明德己丑，領狀元及第。

按：是科二十七名，綜狀元，上福人阮沅榜眼，東岸阮文徽探花，東岸人阮文光等八人黃甲，先福人阮有煥等十六人同進士。

官至刑部左侍郎。弟縉，年二十二，舉登瀛大正乙未同進士，官至尚書茶郡公，陣亡。

【二】耕穫阮倩

阮倩，其先青威樂陽人，屋于耕穫。祖允廸，登洪德辛丑探花，仕至右侍郎。父娶于本社狀元德亮之妹，而生倩。倩生而聰穎篤學，酷似其舅。莫登瀛大正壬辰，領狀元及第。

按：是科進士二十七名，倩狀元，青池人裴詠榜眼，東岸人吳山快探花，超類人阮迪康等六人黃甲，安豐人阮良弼等十八人同進士。

時年三十八歲，舅甥並狀元。倩仕莫，歷尚書舒郡公。倩雖失身僞朝，然常一心向順。順平辛亥，與其子倦等歸命，朝廷嘉之，仍其舊官。天祐丁巳，倩卒，倦復歸莫。倦膂力勇健，且沉重多智，常爲莫謀，侵噬邊境，旅〔屢〕拒官兵，莫人賴之，累官常國公。後倦俘而莫亡，世傳仙田黃甲大司徒阮公儼卽其裔也。

【三】中庵阮秉謙

秉謙，永賴中庵人。母汝氏，安子汝尙書之女也。公生而穎異。既長，受業於榜眼梁得朋，授太乙神經，遂造玄理，能預知未來之事。少時，預知數十年後，皇朝必有中微之厄，不久便當再興。因退居教授，常托詩以見志。且以母老，樵爨不供，親屬迫之使仕，公不得已，乃應擧莫大正乙未，會試四場，並第一，庭試賜狀元。

按：是科進士三十二名，公狀元，慈廉人裴克篤榜眼，超類人阮承休探花，安老阮寅亮等七人黃甲，嘉定人阮重光等二十二人同進士。

時公年已四十五，在朝八年，多所匡正。廣和壬寅，官吏部左侍郎，托眼疾乞歸，時年纔五十二。公既歸鄉里，起白雲庵，自號居士；起中津館，作碑以記其實。遍遊安子、塗山諸名勝，欣然自適。公雖在家，莫事以師禮，國有大事，輒遣使就訪，或時召至京詢問。累遷至吏部尙書、太傅程國公。公心雖知本朝當復興，然於莫亦有一飯之誼，常黽勉爲之計畫。初阮倦歸順，數爲莫患，莫人苦之，因索倦於公。公與倦父倩有舊，知倦爲人義俠，可以計誘之。時倦奉命往屯江間，公因泛輕舫，與倦話舊，因邀與同舟對酒。倦見公，不覺流涕，及收淚，則舟已江北矣。倦不得已，遂復降莫，莫所以能維持數十年者，公之力也。莫延成乙酉，公寢疾，茂洽使人問國事，公但曰：「高平雖小，可延數世福。」後莫亡，其子孫退據高平，歷三世而後滅，其先見類如此。石室人馮克寬，以公有高見，往師事之。公微示以意，克寬遂決計往清華。後朝廷有大事，克寬常密就詢問，克寬卒爲中興名臣。端國公阮潢，自以重戚居要地，心懷岌岌。其母范氏，因使人就公問自安之計，公不答。適見庭前假山，群蟻攀緣，因指之曰：「橫山一帶，可以萬代容身。」使者悟其意歸以告潢。潢遂決計，潛往據廣、順，奄有二州，傳八世，至今始滅。其他神異，不可殫述。北人稱安南理學有程泉，其見重如此。乙酉年十一月十八日卒，年九十五，學者追尊爲雪江夫子。所著有中津館碑銘及白雲詩集，行于世。

按：本朝武溫亭公撰，公譜記敘事甚詳，惟所擧公統元間感作詩，以為知未來之事之證。以溫考之，此詩或是指當時事。室驅當是指莫登庸，連看上一章，其意可見。溫亭公指此為隱語，恐或未是，故不敢錄。又所寄阮果川牀頭詩，當是未歸順以前事，溫亭公指為阮歸順後，公寄贈詩，頗未深考，併闕之。

【四】郢計甲澂

甲澂，鳳眼郢計人。其母文江公論人，年四十餘寡居，有還北人遺金事，伊因報以吉地。母尋與鉢場人交而生澂。四歲爲甲姓者所獲，遂從姓甲。大正戊戌，(會元是西蘭人丁僎。)庭對擢狀元。

按：是科進士三十五人，澂狀元，扶寧人陳璲榜眼，洽和人黃芩探花，宜春人潘驕等八人黃甲，宜春人黃銓等二十四人同進士。

澂以文學取重於世，莫人最加寵幸，累遷歷六部尚書、兼東閣大學士、太保策國公，致仕。公久秉國大政，莫人拱己以聽，凡有交邦柬疏，於其君名下，必署頭目甲某名，其貴重有如此云。所著有邦交文集及諸銘文，行於世。

子灃，年二十六，由朝列大夫，一舉莫茂洽崇康戊辰同進士，官歷翰林兼司訓，年三十餘而終。世傳公題調山南日，曾枉殺二人，因得惡報。後公修勉善果，惡報漸滅，故享貴壽完福云。

【五】平民阮琦

阮琦，東安平民人，或云陽澤人。原名明亮，因宿僧寺，夢見天門出榜，阮琦中狀元，遂改名琦。年二十四，値莫福海廣和辛丑科，（會元仙遊人白鴻儒）果領狀元及第。

按：是科進士三十名，琦狀元，青林范公森榜眼，仙遊阮世祿探花，桂陽吳玩等黃甲，唐安范願等二十三人同進士。

官至左侍郎。（一云官至翰林院侍書。）

【六】樂道楊福溪

公姓楊，嘉林樂道人，世爲江北巨族。相傳平吳國初，有同姓人隨北人去，遂爲北人。後四世，生楊漣，中進士，官副都，爲明末直臣，贈忠烈公，今子孫尚存。及莫初，楊氏子孫多避難亂散徙，或居義安天祿之拔擢社，爲楊姓功臣尚書致用、致澤之族；或居瓊瑠完厚，亦世出文學。公於莫福源永定丁未，會試合格。（會元是青威人阮爍。）庭試日，對策詳明，莫人稱怪，批云：「眞儒出世，世道方亨。」擢狀元及第。

按：是科進士三十名，公狀元，安朗樂人范瑜榜眼，彰德人阮濟探花，錦江阮敬止等八人黃甲，金洞武灦等十九人同進士。

年四十三歲，時世宗進兵屯於嘉定究山，公就營出首，仕至參政。及莫氏復定，還家不肯用。
孫楊淳，年四十，登永祚戊辰同進士，官至吏部左侍郎，贈刑部尚書太保。庶孫楊演，年四十，由講諭舉陽和丁丑同進士，有南和戰功，官至工部左侍郎侯爵，贈尚書。淳子楊澔，年二十六，中陽和庚辰同進士。公父子同朝，奉往北使，官至都臺延祿伯，奉護駕南征，病沒，贈工部尚書侯爵。其支次子孫，皆業于學，至六世孫楊瀛，由士望知縣。二十六，灌登永盛戊戌同進士，官監察御史。六世孫公澍與瀛、灌同輩，由士望知縣。三十二，中永慶辛亥同進士，奉左司講，官歷吏部右侍郎，贈左侍郎侯爵，加贈尚書郡公，封福神。裔孫楊史、弟仲謙，同登景興甲戌同進士。史字直筆，時年三十九，官至寺卿，署山西參政，贈東閣大學士。仲謙時年二十八，今官校理署僉都御史，署兵部右侍郎。

【七】　古渚陳文寶

陳文寶，改（名）文宜，膠水古渚人。年二十七，一舉領福源景曆庚戌狀元及第。
按：是科進士二十六名，寶狀元，芙蓉人陳聞榜眼，嘉定人阮明揚探花，東關人黎欽等四人黃甲，安豐人阮承休等十九人同進士出身。是科南真人阮弼亮會元。
子廷瑄，年二十六，中端泰丙戌同進士，官至給事中，出首。
公時奉往北使，仕至吏部尚書、入侍經筵義山伯，贈郡公。

【八】　嘉定阮亮采

亮采，嘉定平吳人，屋湛露社。年二十九，領景曆癸丑狀元及第。

按：是科進士二十一名，亮采狀元，天施人黃珣榜眼，青林人會元陳永綏探花，安勇人阮義立五人黃甲，安陽人阮公族等十三人同進士出身。官至東閣大學士，贈侍郎伯爵。

叔重光，年二十，登大正乙未同進士，官至翰林。重光孫曰擧，十五中鄉試，文祖養之。年三十一，真宗福泰丙戌，會試合格。庭對日，文不合格，奉旨寘黃甲，官至東閣學士男爵。

【九】藍橋范鎭

范鎭，嘉福藍橋人。母夢宋臣范鎭托生，因名。光寶丙辰，會試合格。庭試日，有天使韓琦、東方朔附耳，文思汪洋，仍得擢狀元，時年二十四。

按：是科進士二十四名，鎭狀元，段林杜汪榜眼，安豐吳堯佐探花，青威范日茂等四人黃甲，慈廉人阮仁安等十七人同進士。

再中東閣第一，仕莫，至承政使，中興初，隱居不仕。

【十】雄溪范維玦

范維玦，至靈雄溪人。公文章名世，茂洽淳福壬戌領狀元。

按：是科試于東岸翁墨，會元超類阮克敬。及庭試，取十八名，玦狀元，青沔張肖榜眼，唐豪吳謙探花，青沔武文善等五人黃甲，丹鳳阮永綿等十人同進士出身。

時年四十有二。玦平時與壓溪同沅，皆以文章齊名，時人爲之謠曰：「至靈榜狀，非沅則玦。」

後沅只領黃甲，抰果擢大魁，謠言果驗云。後再中東閣，仕至吏部左侍郎、參錄軍事雄溪侯，贈尚書。

【十一】梁舍武玠

玠，良才梁舍人。父瓛，年二十六，廣和甲辰會元，（或作省元。）庭試黃甲庭元，官歷禮部左侍郎、兼掌翰林院伯爵。娶于棻舍尚書阮秋之女，而生玠。

瓛弟瑾，年二十，中光寶丙辰同進士。往北使，有使軺詩集行于世，仕至戶部尚書侯爵。背茂洽效順，位仍都臺。

玠年三十七，一舉預榮康丁丑狀元及第。

按：是科會元青沔阮世拔，庭試進士十八人，玠狀元，仙遊阮仁霑榜眼，大安范家門探花，嘉林黎曰倘等五人黃甲，至靈阮明善等十人同進士。

與叔瑾同時登用，官至戶部左侍郎，父子並庭元。

科榜標奇 卷之六 翰墨傳香考上 目錄

科榜標奇　卷之六　翰墨傳香考上

後學雅軒潘輝溫、和甫輯

國初三世繼登，以上凡十一姓，附莫時二姓。

【一】耕穫阮伯驥　子德亮、孫匡禮

伯驥，青威耕穫人，原姓覃，始改阮。伯驥長於舉業，舉聖宗光順癸未同進士，官歷兵部尚書。子德亮，生而聰敏，學問淵博，襄翼洪順甲戌，庭對領狀元。（初名蹊，始奉御筆改今名。）奉往北使，官至禮部左侍郎，贈尚書。德亮子匡禮，益修家學，時大正乙未舉同進士第。往北使，官至右侍郎伯爵。

驥兄子逑登進士，外孫倩狀元，具見狀元考。

【二】金堆阮仁浹　子勛、敬　孫亮

阮氏之先世積陰德，有還北人遺金者，北客半予之，牢辭不受，其人因爲擇吉地報之，遂世出名儒。至仁浹，聰警好學，與伯兄仁被、冲懿，弟仁餘、仁驛同師事本縣市橋陳先生。

按：先生諱伯齡，太宗大寶壬辰科黃甲，奉使，官至它刑院，知東道軍民簿籍。

年十五歲，與兄仁被，同舉聖宗光順丙戌同進士。

按：仁被時年十九，恨不魁，辭歸，至辛丑科再中。冲懿、仁餘、仁驛，亦中進士。

再中宏詞，歷官東閣學士、兼國子監祭酒。憲宗親製詩以賜之，有曰：「一代文章楊大年，名高內相玉堂仙。丹心每與宸衷衆，合被多携粉署眠。荷槖恩深榮宋帶，鳳池賦料駕唐錢。爲吾涵養成元氣，佇看英才泰彙連。」累遷官至吏部尚書。仁浹生子勛、敬。勛文學蘊藉，早歲舉秋元；敬尤有才敏。

洪德丙辰會試，勛會元，敬同合格。庭試日，勛文宜狀元，帝以夢擢嚴瑷，却賜勛榜眼，敬預同進士。勛時二十一，敬年纔十八。

按：是科進士三十名，武江居其六，金堆阮姓諸公居四，二公與其從兄演、拱順是也。

勛後官至尚書，贈太保。敬兩奉使，官至尚書。敬子亮，登莫福源光寶丙辰科同進士，仕至吏部尚書。按阮氏三十年中，一姓九進士，古今稀罕，而仁浹父子祖孫，並擢危科，躋顯要，一門四尚書，福慶之盛，尤近來所罕有也。

冲懿子道演，與從弟拱順，及拱順孫能讓、遠孫國光，並繼登進士，其蹟詳見昆玉疊登考。

【三】安寧申仁忠　子仁信、仁武　孫景雲

仁忠，安勇安寧人，博學洽聞，精於學業，於詞藻尤工。光順己丑大比，預會元，庭試擢三甲一之三，時五十餘。公以文章蒙知顧，洪德中，天子遊意騷藝，博選能詩諸公，入侍詞幄。天子自稱騷壇都元帥，公與杜公潤，同入侍學，號騷壇副元帥，（潤，金華人，光順丙戌進士，後官至尚書。）餘皆充二十八宿。凡御詩及詞臣賡和諸作，悉屬批評，（詳見明良錦繡及瓊苑九歌等集。）時推申、杜。洪德中，官大學士，建白頗多。又奉纂修天南餘暇集。官至吏部尚書，入侍內輔政，掌翰

林院事，公常榮歸拜掃。時　憲宗尚在靑宮，以詩送之，有曰：「幾年遂地久承恩，暫假榮歸拜社枌。淸案面辭東閣月，故閭情望北江雲。鄉心無限數盃酒，親念難勝數尺墳。須信顯揚眞是孝，好推此意答明君。」年八十餘，以壽終。子仁信、仁武。仁信尤工於❶詞藻，年旣高，猶劬于學，尤專課其子書。洪德庚戌擧同進士，時年已五十二。（歷仕未詳）登第後，嘗和御詩，善押韻，天子褒之。仁武年三十八，登洪德辛丑同進士。（歷仕未詳）仁信子景雲，顯悟夙成，年二十五，領洪德丁未探花及第。景雲登龍，却先其父一著，古來所罕有云。雲官至翰林侍制、兼司訓。按申氏二十年間，三世繼登，父子祖孫、叔侄兄弟同朝，古今所罕有。淳皇帝御製詩曾有「二申父子佩恩榮」之句，以褒旌之。

【四】安排杜瑨　子璲　孫璟

杜瑨，附翼安排人，富於學術。年四十二，登洪德乙未黃甲，官歷參政。瑨子璲，洪德丙辰預同進士。奉往北使，累遷侍郎。璲子璟，擧洪順甲戌黃甲，官歷侍郎。

【五】扶衛吳文房　子茂惇　孫茂愉

文房，唐豪扶衛人，經史淵博。洪德甲辰，庭試預黃甲，官歷侍郎。子茂惇，年二十八，登統元癸未同進士。從莫，官至尙書侯爵致仕。惇子茂愉，擧莫茂洽淳福乙丑同進士，父子同朝，官歷承使。（一云官至監察御史。）茂愉孫文政，年四十一，擧神宗陽和丁丑同進士，官至府尹。

【六】 良舍陳克明 子義富 孫濟美

克明，原貫彰德莫舍人，（即今良舍社）相傳竹溪先生程清之後。（清中順天宏詞）自清移居青威之玄侯村，後遂世屋丹傒。（即今多仕社）元姓陳，清避母后諱改姓程，克明始復陳姓。克明學問優贍，擧洪德甲辰科進士，時年三十一。官至尙書、兼東閣大學士仁良侯，致仕，壽七十四。子義富，再改姓黃。襄翼洪順辛未狀元及第，官歷參政事、兼都御史。義富子濟美，年二十七，擧莫大正戊戌科同進士，官至承使、兼祭酒壓溪伯。同族璁、瑜，並中進士。（詳見狀元考）

【七】 望月吳鈺 子海 孫澄 玄瀲 曾濬

吳氏之先世業於學，至鈺好學多聞。年三十三，登洪德丁未黃甲，官至禮科都給事中。鈺子海，尤力學，登威穆端慶戊辰黃甲。（歷任未詳）海子澄，年四十一，莫茂洽延成庚辰會元，庭試賜黃甲，官至寺卿。出首，再從莫。徵子仁瀲，敬宗弘定丁未領會元，庭試賜同進士，父子並會元。奉北使，官至寺卿，被黜憲使。瀲子仁濬，年四十五，神宗陽和庚辰同進士。吳氏自鈺至濬，一家五代，相繼登科，古今所希云。濬官歷至工部尙書，陞戶部尙書伯爵致仕。公於申辰奉覆試丁酉、庚子、癸卯三科生徒，黜落太半，人議其以道害道，吳氏自此遂不復顯，或以是咎公云。

【八】 三山吳忱 子勉紹 孫繽、繹

吳忱，東岸三山人。兄綸，文章俊峭，自成一家，登洪德乙未同進士，再中東閣，官歷尙書，

預騷壇二十八宿、兼東閣大學士。忱學問該博，洪德癸丑擢榜眼，預騷壇二十八宿，官歷翰林侍書。子勉紹，尤長於經史。年二十，舉光紹戊寅狀元。從莫，官至吏部尚書、兼都御史、入侍經筵理溪伯，致仕。勉紹子繽、繹。繽由顯恭大夫，一舉莫景歷庚戌同進士，再中東閣，官至戶部左侍郎，贈尚書伯爵。繹舉光寶丙辰同進士，官至參政。

【九】蔓汭范光贊　子伊璿　孫福慶

范光贊，青林蔓汭人。其兄世守學業。光贊聰穎夙成，景統己未庭試預黃甲，時年二十六，後官至參政。子伊璿，博通經史，爲一時巨手，但性喜矜伐，每以學凌人，先達者多惡之。茂洽興治己丑，會試合格。庭對日，文宜及第，爲考官所抑，寘之三甲首，時年二十七。官至翰林。出首，爲監察御史。伊璿子福慶，年四十五，永祚癸亥進士合格，（是科阮秩借人行文，事覺，不賜黃榜。）官至太僕寺卿，子爵。

【一〇】永和阮文獻　子炳奎　孫挺

阮文獻，超類永和人。（御改永世。）年二十七，一舉登景統壬戌黃甲，改名秉和。洪順庚午，由侍讀奉使，官歷禮部尚書，致仕。

子炳奎，年二十四，登統元丙戌黃甲，仕至校理。炳奎子（一作侄）挺，年四十二，舉莫延成癸未同進士，官至府尹，及康祐被俘。

【一一】安朗理海阮維祥　子宏綽

阮公維祥，篤學博聞，少曾以魁元自許。年二十四，舉威穆端慶戊辰同進士，不如志，辭歸。年二十七，再登襄翼洪順辛未黃甲，官至參政。時遭多故，公守節仗義，爲賊所害，贈左侍郎。景治中，追封上等神。

子宏綽，舉莫大正戊戌進士，時年二十七，官至提刑。宏綽子世守，以文學名，累中場，歷受知縣。年五十四，登莫茂洽端泰丙戌同進士，官至參政。出首，再從莫。世守玄孫光綸，有神童名，舉正和癸未黃甲，庭元，時年纔二十一。改名公綸，官至工科給事中。

【一二】詠橋阮文徽　附錄莫時。　子仲烱　孫敎方

阮文徽，東岸詠橋人。其先世積陰德，至文徽劬于學。年四十四，值莫明德己丑科，應舉，會試合格，庭對擢探花。官至禮部尙書，致仕。生仲烱、達善、顯績。（達善、顯績登科，詳見疊登考。）仲烱年二十二，一舉莫永定丁未同進士，後往明使，官至禮部尙書。仲烱子敎方，莫端泰丙戌，舉會元，庭試擢探花，庭元，年二十有八。祖孫並探花。官至都給事中，出首，再從莫。

小註：仲烱庶曾孫德望，年三十，領嘉宗陽德癸丑會元進士，應制合格，改名公望。再中東閣，奉使，仕至都御史、知國子監、入侍經筵子爵，贈戶部尙書伯爵。公望堂孫名儒，年二十四，登玄宗景治庚戌同進士，官至給事中。國益、公垣、德敦，皆其後也，詳見疊登考。

【一三】 大拜阮弘演 子彥浤 孫奇逢

阮弘演，嘉定大拜人，登莫廣和辛丑黃甲，官至東閣校書老泉伯。子彥浤，屋良才廣布，年二十六，登莫景歷庚戌黃甲。（一云年三十三。）官至刑部尚書、入侍經筵陽伯。彥浤子奇逢，年二十五，一舉登莫延成庚辰黃甲，官至翰林院校討，三世並黃甲。

奇逢侄公造，年五十五，登陽和庚辰同進士，應制合格第一，官至翰林院校討。謹按國子監登科錄印本於洪德丙辰黃甲阮清名下註云：「阮轟之子，明揚之父。」上款標云：「三世登科。」仍查阮轟及明揚事蹟，轟中辛丑同進士，其名下只書：「仕至都御史。」不見註與阮清何親；明揚中莫景歷庚戌探花，名下註云：『清之孫。』不見註與阮轟何親。按明揚登科距阮清五十五年，世次頗遠，此云孫或當是，前註疑有誤，姑備錄于此，以俟博覽者正之。

【校勘記】

❶「於」字下衍「於」字，今刪。

科榜標奇　卷之七　翰墨傳香考下　目錄

科榜標奇　卷之七　翰墨傳香考下

後學雅軒潘輝温、和甫輯

中興以來凡十姓。

【一】理齋吳致知　子致和　孫世榮

致知，東城理齋人。壯始刻志爲學，子致和既長，因與之同攻書業。光興壬辰，公年五十二，和年二十八，父子並應舉，賜黃榜三名，（安定人鄭景瑞庭元）公父子居其二，致和二甲之一，公三甲之三，父子同登，爲有科目以來曠見。公仕至監察，後累蔭贈太保。致和公歷仕成祖、文祖朝，累蒙知遇。光興丙甲，自山西憲使，陞吏科都給事中，陪從府堂，尋命清華鎭記錄。弘定中召還，陞吏部左侍郎富祿伯。丙午奉北使，還陞戶部尙書，尋命兼國子監祭酒，榮封叶謀佐理贊治翊運功臣。累有建白，王上嘉納之，官至少保侯爵。永祚乙丑卒，贈春郡公。致和子世榮，年五十六，登福泰丙戌同進士。公以勳臣子登朝，文祖深倚信之，累加敦厚贊治功臣、鴻臚寺卿伯爵。從寧國公討賊，後寧國公敗，公以故罷職，尋卒。朝廷軫其無過，追贈左侍郎侯爵。

世榮孫公擢，正和甲戌會元，庭試賜三甲庭元，應制合格，時年三十三，預奉編國史，官至憲使。公擢弟興敎，屋桃花社，年四十五，永盛庚寅，會試合格，廷試病不能對策，尋卒。

【二】芳杜申珪 子璿 孫珩

申珪，安勇芳杜人，學問該（賅）博，登永祚戊辰同進士，時年三十有六，官至參政。陽和丁丑，奉往北使，死國事，贈工部右侍郎侯爵。子璿，屋梅溪社，年三十二，登慶德壬辰同進士，改名申全。奉往北使，累從南征有功。陽德中，官累遷至都御史參從、禮部尚書子爵，贈吏部尚書少保。娶于文江華梂阮姓女，生子珩。珩為外祖所養，遂歸阮姓。珩之學得之家庭，尤長於詞藻，舉鄉試，中士望科，累遷至參議。年三十三，登正和戊辰進士，癸酉年奉考詞命，預中第四，預續編國史，官吏部左侍郎子爵，贈工部尚書。

按：莫端泰丙戌進士阮恒之子，年三十，登陽和庚辰同進士，官至右禮郡公，贈左侍郎。

【三】慕澤武拔萃 子惟斷 孫惟匡

武拔萃，唐安之慕澤人。相傳唐時武渾來守我土，其子孫遂為我國人，慕澤姓武，皆其後也。（跡詳世譜）陳明宗時，武堯佐與弟農同登第。國初以來，姓武相繼登科者三十餘公，至今世出科宦。拔萃年三十三，擢德隆甲戌黃甲廷元，應制合格，官至吏科給事中，贈寺卿伯爵。

按：公母有五色雲入懷之夢，生五子。公兄自快，功臣郡公。弟惟志，由吏道位尚書，參從首相。弟求誨，永壽己亥登進士。（詳見別集）方丈尚書郡公。兄弟五人並貴顯，夢果驗云。拔萃子惟斷，少極鈍，年十七，夢神人為之剖心去濁，自是文藝大進。尋舉海陽解元，入侍昭廟，密蒙眷顧。南河之役，謀畫居多，王深器之，中宏詞優分。

玄宗景治甲辰，預會元廷試，賜同進士，時年四十四。登第日，王賜之彩衣，不次擢用，奉使，官至工部尚書伯爵。尋以直言忤旨，被罷，（跡見捷記）然名以此益重。年六十四卒，追贈戶部左侍郎。公號「唐川子」，有使詩及國音等作，行于世。惟斷子惟匡，景治庚戌舉同進士，時年二十七。父子同朝，知水師，仕至陪從禮科都給事中，奉差候命卒。時惟斷公既以直取忤，王上尋軫其忠，欲拔用惟匡。及匡卒，王深悼之，贈參政男爵。（族姓登科詳見叔侄同科考）

【四】三山吳策試

子策論、策詢　孫策訴

吳氏，其先姓阮，東岸義立人，世守學業。有常於莫景曆庚戌，應會圍（闈），詩賦並第一，廷試同進士，官至兵部左侍郎。兄子嘉謀，登光寶己未同進士，官至參政。嘉謀與三山吳狀元之後世爲婚。至孫策試爲母氏所養，因籍母貫，改姓吳，遂爲三山人。策試學問淵源，合二家而一之。年三十八，舉永壽己亥進士，仕至經歷，爲仇人所殺。子策論、策詢，益以文章名世。策論年二十四，舉京北秋元一舉。登玄宗景治甲辰同進士，時年二十五。官至府尹，入鄉試場，用情取舍，被徒（徙）。

弟策詢，熙宗永治丙辰預會元，廷試同進士，時年二十九。官歷吏部右侍郎，被黜戶部給事中。丙子年，奉差清華場，奸宄被絞。蓋詢與時相黎僖有隙，故爲其所陷云。詢子策訴，年三十二，登裕宗保泰辛丑探花，廷元。官歷東閣校書，權任義安參政，受賂被黜。

【五】穫澤汝進用

子進賢　孫廷瓚　曾公瑱

汝公進用，唐安穫澤人。公年既長，始刻勵爲學。年四十，景治甲辰同進士，官禮科給事中。公精於於天文，每奉詢問，多奇中。晚年，子進賢登仕，公遂不復受職。

進賢少而穎悟，年二十二，登　熙宗永治庚申同進士，應制第一。奉往北使，歷任內外，當時以政事稱。改名廷賢，官至刑部尚書子爵，贈禮部尚書郡爵。按公是亭祖社莫時黃甲武登之外孫，因就母貫卜宅，今子孫多從亭祖居焉。廷賢子廷瓚，少而英俊。年十八，以文章得名，遂以此知名天下。年二十七，始得就試，中鄉試第二，蔭受寺丞。年三十三，登　懿宗永祐丙辰會元，廷試同進士。景興初，以寺卿行參從。時國家多故，公以新進，與二三故老同蒞庶務。毅祖最加寵遇，御改名公瓚。累陞兵部尚書，參從侯爵。因欲遠權勢，遂乞改郡武職，授校點權府事。後累遷至左都督，致仕。年七十卒，加封國老。

廷賢侄仲台，由教授。年三十八，純宗龍德癸丑，會試合格，庭試榜眼廷元，官歷憲使。公瓚第四子公瑱，年十八，領秋解，蔭受寺丞。年二十二，登景興壬辰會試第四，廷試賜黃甲、少雋。今官翰林院侍制，入侍添差，知工番、兼國子監司業，署禮部右侍郎、兼內閣修撰。

【六】遼舍黎有名　子有喜、有謀、有喬　孫仲信、仲容

黎仁恕公有名，號椿庵，唐豪遼舍人。年十九，領鄉解，累中士望宏詞，擢侍內文職。年二十九，登景治庚戌黃甲。（一之三）官至山西憲使，卒于任所，年五十。公以文學不獲大用，常以義方勉其子，後以子蔭贈戶部左侍郎文淵伯。次子有喜，年二十七，一舉登正和庚辰進士，官歷監察御史，奉差山西督同，追贈承使蕃亭伯。第九子謀，己丑省試，與季弟喬同領鄉解。年二十六，一舉登永盛庚寅進士、少雋。季弟喬十八，領鄉解。年二十八，登永盛戊戌三甲進士，兄弟同朝。

有謀後歷至陪從入侍經筵、工部右侍郎，贈惠亭伯，加贈都臺。喬參從官，歷兵部尚書，行

禮部遼亭侯。奉使致仕，陞禮部尚書，起復贈少傅郡公。後以子蔭，加贈太傅。有謀第六子仲信，年二十七，舉景興戊辰會試第二，廷試同進士，叔侄同朝，今官學士。有喬第六子有容，年三十一，登景興乙未進士，今官校討。詳見昆玉疊登考。

【七】滇池陳壽　子璟　孫進

陳壽，至靈之滇池人，登景治庚戌進士，奉北使，官至副都御史，被黜寺卿男爵。卒，贈工部右侍郎。娶于青林會元黃甲陳參政公春榜之女，生璟。璟年三十五，登裕宗永盛戊戌同進士，仕至刑部尚書，參從郡爵，致仕。璟子璡，登景興戊辰同進士，父子同朝，官歷翰林侍讀，行副都御史，贈工部右侍郎。

【八】大馮謝登望　子登勳　孫登璹

謝公登望，丹鳳大馮人。年四十，登正和癸亥進士，官歷監察御史。子登勳，少而英敏，舉山西解元。年二十九，登正和庚辰，會試合格，廷試擢黃甲。官至禮部右侍郎，贈左侍郎。勳子璹，年二十二，舉山西解元，中沙，覆試再中第一，預入侍文職。丁丑預選舉，補知府。景興庚辰，登同進士第，時年三十二，官至禮科給事中。璹子廉，預中造撮。

【九】富市阮光潤　子輝胤　孫輝漌

阮公光潤，嘉林之富市人。年二十六，一舉，登正和癸未進士，（改輝潤）奉北使。永佑間，位參從戶部尚書，時與同邑段伯容（庚寅進士）、高揚擢（乙未進士）、鄭伯相（辛丑進士）同到尚書，當世榮美。累差諒山總撫、清華留守，後再居揆席，致仕。起復官歷經筵大司空肇郡公、奉侍五老。年八十一卒，贈大司馬，賜謚端肅。堂弟輝滿、輝淅，並中進士。滿由解元，年三十四，保泰二年辛丑進士，官歷寺卿。淅由典簿，年四十四，寵德二年癸丑進士，官至承旨，致仕，壽八十三。

輝潤子輝潰，尤精於學業。年二十一，鄉學解元優分，由郎中。中景興戊辰進士，應制第一，時年四十一。父子同朝，官歷大學士伯爵致仕，壽七十三。按家譜公寺卿致仕贈承旨。輝潰子輝漌，少以文章名世，學問淵博。年二十一，鄉試、覆試，並預高第，累中選擧宏詞，除諒江知府。年三十二，擧景興二十一年庚辰會元，廷試日，條對詳悉，文宜及第，以失格卷中留白，寘末第。辭歸，遂以經史自適，獨居一室，少與物接。每靜坐讀書，忽起而巡簷吟嘯，若有所得。學士公錦旋後，問視之暇，父子相與講談唱和，家庭中有自然樂趣，世以為高。

漌公號方庵，光中三年庚戌卒，年六十二。

【一〇】佛跡阮德暎 子曎 孫昀

阮德暎，仙遊佛跡人，歷授知縣。年四十一，登永盛（裕宗號）乙未同進士，仕至刑部左侍郎，贈工部尚書侯爵。子德暐，少領鄉元。年二十八，登保泰（裕宗號）丁未同進士。永裕間，屢蒙顯擢入仕。十年，與父同列三品，後改名曎。為人清慎，涖烏臺十八年，家無餘積，人服其廉，上心亦深簡焉。甲申陞尚書，致仕侯爵，加少保，御製唐律賜餞，曾有「十分清廉」之語。尋奉起復，典銓部，累加官至太子太傅。乙未，年七十五卒，贈太傅。長子昀，少遊泮，累中御題四仲，歷授參政議職。戊戌會試，預第四，廷試賜三甲首。今官校討山南督同。昀徒弟晭，年三十，登丙戌同進士，今官侍制。

科榜標奇　卷之八　昆玉疊登考　目錄

科榜標奇　卷之八　昆玉疊登考

後學雅軒潘輝溫、和甫輯

兄弟三人聯登者入此錄，凡八姓。

【一】香橘阮善、(阮)才、(阮)愼

四岐香橘阮姓，下洪州族望也。自陳以來，以文學世其業，至善、才、愼兄弟三人，並以文章名于時。善於仁宗大和戊辰，登同進士。愼於大和癸酉，繼登進士，廷試賜黃甲。才於聖宗光順癸未，亦領黃甲。兄弟相繼登朝。善在光順初，官僉都御史，以直言受賞，遷淸華宣撫。弟愼並官至尙書，才以與丁叔通奏事誣妄，被譴，故不致大用，官憲使。

【二】金堆阮仁被、(阮)仁浹、(阮)冲懿、(阮)仁餘、(阮)仁驛

武江金堆阮姓，其先鳳山樂土人，世積陰德，有還北人遺金者，獲報以吉地，遂世出文儒。至仁被與弟仁浹、冲懿、仁餘、仁驛諸公，同受業于市橋陳先生，名震京北。仁被與弟浹，同擧光順丙戌會闈，廷試日，並賜同進士。仁被年十九，浹時年十五。仁被少負重名，常以魁元自許，不得如願，遂上章乞辭回再學，朝廷嘉其志，遂許之。越五科，至洪德辛丑，仍再登同進士第，時年三十四歲矣，遂不復辭。弟冲懿，初名仁逢，御改仲懿，再改今名。年十九，登光順己丑

同進士。仁餘十七歲，登洪德壬辰同進士。驛十八，登洪德乙未同進士。仁被公再登，時諸弟已致仕顯要矣。兄弟五人，並以年未冠登第，天下稱異，天子亦奬重之。被與冲懿，並預騷壇二十八宿。後奉往北使，官至兵部尚書。仁浹再中宏詞，亦官至吏部尚書。仁餘官至憲察。驛官至校討。懿官至禮部左侍郎、兼掌翰林院，被貶祭酒。冲懿子道演年二十有九歲，與仁浹子勛年二十一、敬年十八，及其從弟拱順年二十五，並於洪德丙辰登第，一門四同榜，當世榮之。同時又有阮宏　，年二十，登洪德庚戌同進士。登科錄註云：「勛之兄。」但別本多不載，未它(知)然否。按阮氏當洪德光順間，三十年中，兄弟昆季、父子伯侄，相繼登朝者，殆十八。聖宗謂侍臣，嘗有「金堆家朱紫滿朝」之語，蓋深嘆美之也。道演官至憲察，拱順官至左侍郎，勛、敬並尚書。敬子亮，莫光寶丙辰進士，官至尚書。拱順孫能讓，莫光寶壬戌黃甲，時年二十七，奉使，仕至尚書。遠裔國光，年二十五，登正和庚辰進士，仕至寺卿署參政，改名國暎。福慶之盛，古今罕比云。

【三】東山阮祚、(阮)禎、(阮)滋福

立石東山阮祚，與諸弟皆以文章名，相繼登泮選。祚舉洪德壬辰黃甲，禎、滋福，同登洪德乙未同進士第，　憲宗賜之詩，有曰：

臨軒策士際昌辰，共繼難兄作顯身。萱草翠連椿樹結，棣華香並桂枝春。一門堪美科名盛，千載方觀事業新。自信德根培植廣，衍綿福慶在吾人。

祚後官至憲察使。禎有勇力，兼都力士，官歷吏科給事中。(或云官吏部尚書)滋福官至參政。

【四】 扶魯阮揚憲、(阮)靖、(阮)愼禮

金華扶魯阮揚憲等，以文學顯名於時，兄弟迭相師友。揚憲與弟靖，同登洪德乙未同進士，季弟愼禮登洪德丁未同進士。靖官都給事中，揚憲、愼禮，歷仕未詳。揚憲孫敦睦，一舉登莫永定丁未黃甲，官至參政。

【五】 瑁蒲鄧從矩、(鄧)鳴謙、(鄧)讚

山圍瑁蒲鄧姓，其先天祿人鄧悉之後。悉當陳末知化州，心懷忠義，屢托之詩，有「致主有懷扶地軸，洗兵無地挽天河。」之句。及胡明洵與阮景眞等立陳簡定帝，以圖興復，公以義聲感人心。尤長於料敵，逋姑之勝，皆其謀也。歷官平章國公，大功垂成，爲奸臣所陷，遂被難。子容，欲成父志，擁立重光。後重光被俘，容亦赴水死。一門忠義，爲世所推。

時遭大亂，悉之子孫散徙，或仍居本縣之左天祿。容之遠孫敦復，登光興庚辰黃甲，官至憲使。一徙立石之山東。愼洪德甲辰同進士，弟恬庚戌同進士，皆悉之四世孫也。

一居山圍之瑁蒲者，其後爲鄧貼。貼，悉四世孫，山東愼、恬再從兄弟也。貼登仁宗大和癸酉黃甲，官歷參政。生從矩、鳴謙、讚。從矩與山東從叔愼，同登洪德甲辰同進士。鳴謙、讚，並舉洪德丁未進士，謙黃甲，讚同進士，兄弟同時登用。從矩官至大學士，參掌翰林院事。鳴謙慷慨有大節，景統辛酉，由侍書奉使，己巳再北使，遷吏部左侍郎，再陞禮部尙書、兼史官副總裁，知昭文局光給中，奉大越史記。時值多事，正色立朝，有毅然不可奪之節。自號晚軒先生，有詠史集行于世，史稱其無愧科名。讚官至吏部左侍郎，泰貞甲子，奉北使，居官亦恪恭守

職，論者以爲悉、容有後云。

【六】詠橋阮達善、（阮）仲烱、（阮）顯績

東岸詠橋阮氏之先世，積陰德，有還北人遺金，因以繼世登科。

（缺七、八名）

南國偉人傳

朱鳳玉 校點

南國偉人傳　出版說明

本書不著撰人姓氏，亦無出版時間地點。內頁形式倣古書，實已洋裝排印。就其扉頁及序觀之，可能成於本世紀初流亡中國之越南愛國志士之手，並刊印於海外者。作者欲以南國偉人傳喚醒國魂，「誘我以愛國之熱誠，啓我以憂時之義務」。

此書除刊本外，又有抄本。抄本與刊本文字略有異同，並較刊本多黎來一則，今以刊本爲底本，抄本爲參校本（簡稱「一本」）相校，又補入此一則。按黎來文，似自別書錄入，仍未整理成文者，故體例與其它各則有別。

本書形式與南國佳事甚接近，內容頗類近，似爲同一時期著作，且可能出自同一作者之手，可互參。

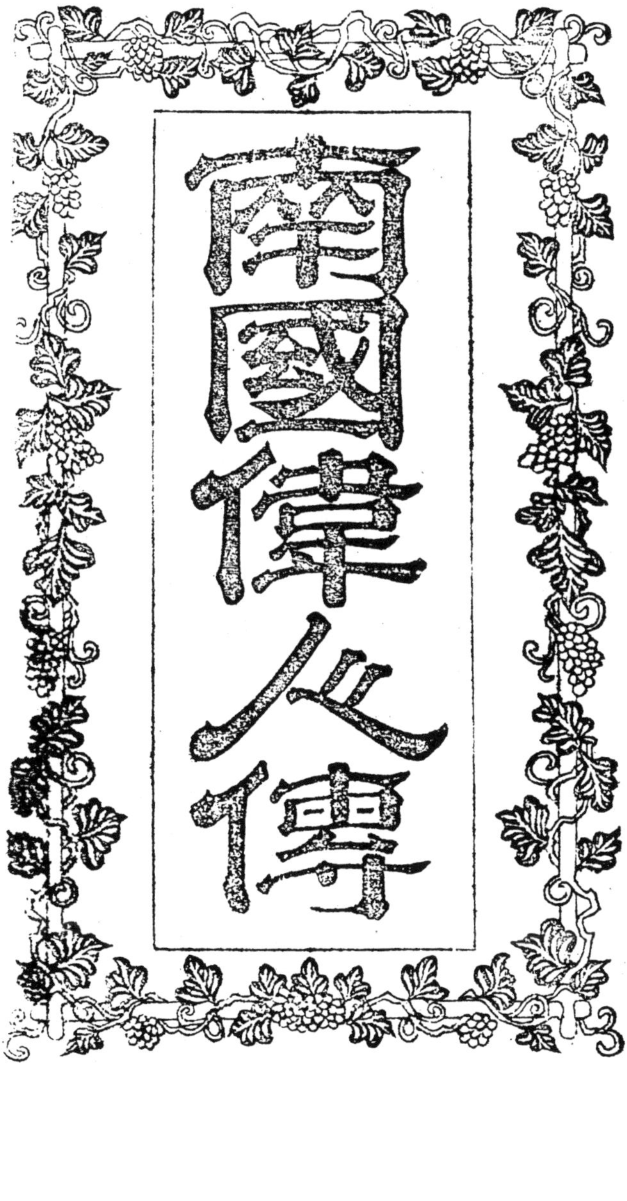
南國偉人傳

南國偉人傳序

山川靈秀之氣蓄之久者必有所洩於是而英偉奇特之人出焉我國自鴻貉以來其間英雄豪傑出而造辰世者非無其人顧求之記載僅屬傳聞後之人雖或惜其沉埋而終未詳爲紀錄也惟自李至黎辰則有國史可攷有野乘可傳凡諸偉人之鴻謨駿烈巍巍然與斜山並峙灝灝然與珥水長流雖外人聞之猶爲起敬况吾輩憶祖國其猶聆念前人之未逮安得不宗之拜之

南國偉人傳序　序　一

馨香之頂祝之簡冊以傳播之、令人讀其傳、而想其人、赫赫然、若與古人相會晤、誘我以愛國之熱誠、啓我以憂辰之義務、夫誰不欣然慕、而躍然起耶、爰取其人有關於辰代者、約而記之、名曰南國偉人傳、將來山英產彩、水伯叶靈、有人焉、當歐風美雨間、爲我祖國撥霧開雲、別拓一睛明光景者、又將大書、特書不一書也、則且以是傳樹之前茅焉、是爲序、

南國偉人傳目次

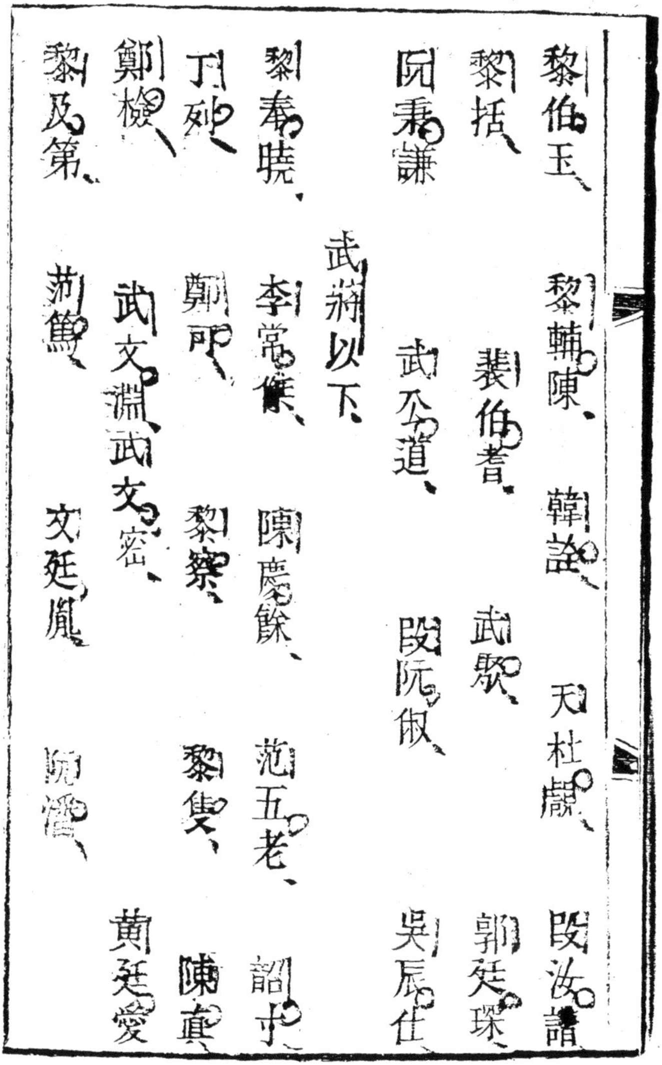

黎伯玉、黎輔陳、韓詮、天杜巘、段汝諧

黎括、裴伯耆、武駁、郭廷琛、

阮秉謙、武公道、段阮俶、吳辰仕、

武珝以下、

黎奉曉、李常傑、陳慶餘、范五老、韶中、

丁列、鄭叩、黎察、黎隻、陳真、

鄭檢、武文淵武文密、黃廷愛

黎及第、茄鯫、文廷胤、阮潛、

南國偉人傳

前李南帝

帝姓李名賁龍興太平人（即今南定太平府）家世豪右有文武才辰我國爲梁所併其刺史蕭諮刻暴人不堪命帝忿然以討賊救民爲已任奮臂一起數州響從遂提義兵直擣龍編（今河城）攻刺史府諮兵敗顛蹶逃命奔還廣州（今屬北國廣西）帝遂據府城建國萬春紀元天德後梁將陳伯先八寇雖以力不敵爲賊所敗然能驅除逆賊脫強權

南國偉人傳 序

山川靈秀❶之氣，蓄之久者，必有所洩，於是而英偉奇特之人出焉。我國自鴻貉以來，其間英雄豪傑出而造時世者非無其人，顧求之記載，僅屬傳聞。後之人，雖或惜其沉埋而終未詳爲紀錄也。惟自李至黎世，則有國史可考，有野乘❷可傳。凡諸偉人之鴻謨駿烈，巍巍然與傘山並峙；灝灝然與珥水長流。雖外人聞之猶爲起敬，況吾輩？憶祖國其猶昨，念前人之未遠，安得不崇之、拜之、馨香之、頂祝之、簡冊以傳播之。令人❸讀其傳而想其人，赫赫然若與古人相會晤，誘我以愛國之熱誠，啓我以憂時之義務。夫誰不欣然慕而躍❹然起耶？爰取其人，有關時❺代者，約而記之，名曰南國偉人傳。將來山英產彩、水伯叶靈有人焉。當歐風美雨間，爲我祖國撥霧開雲、別拓一晴明光景者，又將大書特書不一書也，則且以是傳，樹之前茅焉❻，是爲序。

【校勘記】

❶ 一本作「鍾秀」。

❷ 一本無「野」字，「乘」字下旁加「史」字。

❸ 一本無「令人」二字。

❹ 「躍」，一本作「赫」。

❺ 「時」原作「辰」，避諱，今回改。

❻「馬」，一本無。

南國偉人傳

【一】帝王❶

(1) 前李南帝

帝姓李，名賁，龍興太平人。（即今南定太平府。）家世豪右，有文武才。時我國爲梁所併，其刺史蕭諮刻暴，人不堪命。帝忿然以討賊救民爲己任，奮臂一起，數州響從，遂提義兵直擣龍編，（今河城。）攻刺史府。諮兵敗，顚蹶逃命，奔還廣州。（今屬北國廣西。）帝遂據府城，建國萬春，紀元天德。後梁將陳霸先入寇，雖以力不敵，爲賊所敗，然能驅除逆賊、脫强權之羈軛而獨立，使大南越國旗出現於世界，爲傘珥山河放一大光彩，寔我南排外之第一偉人也。天下事豈以成敗論英雄哉？

【校勘記】

❶「帝王」二字原無，據文例補。

(2) 趙越王

王姓趙，名光復。前李太傅趙肅之子，爲南帝左將。南帝敗後，王與陳霸先相拒，力弗敵，乃退保夜澤。其澤在朱鳶，（今興安快州府。）周回不知里數，草木榛莽中有基地可居，王率二萬人屯澤中，晝則泯滅煙火，夜則以獨木船出兵擊賊，殺獲甚衆，人呼爲夜澤王。會霸先歸梁，留其將楊孱攻王，王擊殺孱，國乃平。王入居龍編，稱趙越王。鴻、貉山河，賴以不墜，洵英雄哉。

(3) 吳先主

王姓吳，名權。初爲交州❶節度使楊廷藝牙將，管愛州。及廷藝爲矯公羨所殺，王舉兵攻羨。羨懼，求救於南漢劉龑；龑遣其子弘操將舟師自白藤江入。王潛植大杙於海門，銳其首冒以鐵，乘潮漲進擊，佯北，弘操兵大進，會潮退，舟皆著杙而覆。王擒弘操殺之，遂稱王。

翼宗皇帝有詩云：

戎衣一洗白藤波。

蓋詠其寔也。

【校勘記】

❶ 「州」，一本作「趾」。

(4) 丁先皇傳

我國當十二使君時代，四分五裂，同室相攻，民生墜於塗炭，外則强鄰窺伺。雖自白藤戰❶後，稍失其勢力於我南內部，然虎視逐逐❷，狡焉思啓者屢屢矣。使我無統一之主權而自伐自亡，人不從而伐之而亡之乎？

幸天不忍我南之長此紛擾以終古也。於是，挺生一非常之豪❸傑于大黃之花閭洞中，（今寧平嘉遠縣）別❹開一我南建國獨立之新天地。第觀其少時人物，其器度已高出尋常矣。少孤，與其母入居洞山，與群兒牧牛于野。群兒❺自知識量不及，咸推爲長，每游戲，必率衆交手爲乘輿捧之，以蘆花左右引之，象天子儀仗。暇日，往擊別村兒童，所至皆慴服。蓋一時游戲，而開國制度、尙武精神，舉他日所措之裕如者，皆從少時講練來。古今英雄，必有所養，大抵然也。

有非常之人，必有非常之事；而非常之事，必待非常之人。際此磐錯時節，正豪傑立功之秋，全國洶洶，思得一大英雄者，出而君長之。諸柵❻父老❼乃相告曰：「此兒器度若是，必能濟事。」率子弟往從之，立爲長。居陶澳柵，起兵征戰，所至易如破竹，稱萬勝王。削平十二使君，卽帝位，都花閭，建元太平。自帝其國，與北朝抗衡，我南國統，定于此矣。

【校勘記】

❶「戰」，一本脫。

❷「逐逐」，一本作「逐」，復旁加「鹿」字。卽「逐鹿」。

❸「豪」，一本作「英」。

❹「別」下一本有「成」。

❺「兒」，一本脫。

❻「册」，一本原同，後在原字上改作「柵」，下同。

❼「老」，一本作「母」。

(5) 李太宗

帝名佛瑪，太祖長子，在位二十七年。時驩、愛諸州洞有叛者，帝皆平之。又命攻哀牢，大獲而還。占城廢職貢，帝親征破之，獲其主乍斗，俘五千餘人，武功可謂盛矣。

(6) 李仁尊❶

帝名乾德，太寧四年，命李常傑伐宋，陷欽廉及邕州。後宋郭逵等來侵，又命常傑逆擊于如月❷江，大破之。龍符三年，占城主❸制麻寇地哩等三州。帝命常傑擊❹破之制麻，復納其地，亦一代之盛主也。

【校勘記】

❶「尊」，一本作「宗」。「尊」、「宗」越南通用，下不校。

❷「月」，原作「日」，一本作「月」。

❸「主」，一本脱。

❹「擊」一本作「擧」。

(7) 陳聖宗

帝諱晃。嘗謂宗室曰：「朕與卿等骨肉同胞，共憂共樂，當以此語傳之子孫，勿忘。」又詔宗室王侯朝罷入殿內，及蘭亭與共飲食，設長枕大被、蓮床同宿，以篤友愛之情。長子仁宗（諱吟）繼之。時元人以五十萬人來侵，帝以興道王陳國峻統制諸軍與昭文、日燏敗元兵於鹹子關，又斬元將唆都于西結，敗元兵于萬刧，使國勢危而復安，重興武功，爲我南國第一。

翼尊❶有詩云：

兩却元兵奠舊邦，重興功❷德冠鴻厖。當年二帝回宮闕，羞殺徽欽奉表降。

【校勘記】

❶「尊」，一本作「宗」。

❷「功」，一本原作「武」，旁加「功」字。

(8) 陳英宗

帝諱烇，（音顚）承聖、仁二帝破元之後，制度一新，世臻康泰。嘗飲菖蒲酒，劇醉。仁尊自天長府回京，徧觀宮殿，自辰至巳，帝不之覺。仁宗怒，即還天長。至未帝始醒，宮人以聞。帝大懼，令學生段汝諧撰表，隨往❶謝罪。仁尊見汝諧，問是何人？左右以官家捧表人對，仁尊不應。日晚，風雨大至，汝諧長跪不動，仁尊乃命受表覽之。見其辭意懇切，召帝謂之曰：「朕豈無別子可以嗣位？今朕在尚如此；後當如何？」帝頓謝，自是絕不復飲，亦陳之令主也。

【校勘記】

❶「往」，一本下有「以」字。

(9) 黎太祖

帝諱利，清化梁江藍山人。有大志，時明人以官職誘之，不屈。嘗曰：「丈夫生世，當濟大難，立大功，何乃庇人宇下，使之擡頭不得？」。遂起兵于藍山。所至，秋毫無犯，東都及各處無不響應，大破明寇。命阮廌作平吳誥。十年而天下大定，眞我國❶之大英雄也。

【校勘記】

❶「國」，一本作「南」。

(10) 黎聖宗

帝諱思誠，在位三十八年。鴻德年間創制立度，規模可觀。拓土開疆，版章孔厚，中外無警，年穀屢豐，號爲治平之世。於是因朝廷閒暇之際作瓊苑九歌，自爲騷壇元帥，命諸臣賡和，號二十八宿。又作古今宮詞並自叙。我國文物之盛，每稱鴻德一賢君也。

【二】宗臣以下

(1) 陳光啓

陳封昭明大王，聰明有學識。紹寶中，元遣唆都等❶來侵，聖宗、仁尊出幸。王與陳國瓚破賊于章陽等處。斬唆都，獲其黨五萬❷餘。賊退，從駕還京，有詩云：

奪稍❸章陽渡；擒胡鹹子關。太平宜❹致力；萬古此江山。

王性嗜學，能詩，有「樂道集」。子道載，亦以文學名。

【校勘記】

❶「等」，一本脫。

❷「萬」，一本作「百」。

❸「稍」，一本作「槊」。

❹「宜」，一本作「須」。

(2) 陳興道大王國峻

王陳太尊兄，安生王柳之子。容貌俊偉，聰明過人，博習羣書，有文武才。紹寶間，元人入寇。聖尊佯問曰：「賊勢如此，我可降之。」國峻曰：「先斷臣首，然後降。」乃命節制諸軍，敗元兵于萬刼。及重興二年，元復來侵。帝召王問計，王曰：「今年賊閑。」乃分兵屯守，先植樁于白藤江，蔽草其上，乘潮漲挑擊❶。賊追之，水落船膠，大破之，擒烏馬兒等。以大功進封大王，名聞北虜，每稱興道王❷而不名。

王以尊室之親，有謀略雄武，屢立大功。又爲國❸薦賢，如野象、歇驕乃其家臣；預平元功，范五老、陳見、張漢超、范覽、吳辰仕、阮世直等，出於門客，皆以文章政事爲一世冠。平居嘗作檄文，激勵所屬將校，又撰兵家妙理要略書，集諸家兵法爲八卦九宮圖，名曰萬刼秘傳書」。

【校勘記】

❶「擊」，一本作「戰」。

❷一本「道」下脫「王」。

❸一本脫「國」字。

(3) 陳日燏

公太尊第六子。生而有文在膊（音博、脇也。）曰「昭文」，因以爲號。既長，聰明多智略，涉獵書史，尤善於料敵。仁宗世，沱江道鄭角密叛，公以單騎詣賊營招諭之，不亡一鏃而沱江平。又與光啓、國峻協謀拒元，令本軍挾宋亡人，衣宋衣，執弓矢以戰。元人疑有宋助，遂潰敗。故平元之功日燏居多。公爲人有雅量，喜怒不形於色，尤通諸蕃語❶。占人雜蠻及外國使至，各以國俗接之，仁尊嘗以「蕃落後身」稱之。

【校勘記】

❶「諸蕃語」：一本原作「蕃諸」復於「諸」旁加「書」字。

(4) 陳國瓚

公以宗室封懷文侯。方元人入寇，公以年幼，不得預議攻守之策，內懷愧憤，手握柑子，不覺碎爛。退率家奴及親屬千餘❶，題「破强敵❷，報國❸恩」六字于旗。每對陣，身先士卒，賊見之，無敵當。與光啓破元于章陽等處。

翼宗有詩云：

六字旗開釋內嘶，萬夫披靡戰方酣。預知建立❹平元績；一自筵中手碎柑。

【校勘記】

❶「千餘」，一本無。

❷「敵」，一本作「賊」。

❸「國」，一本作「皇」。

❹「建立」，原作「立建」，據一本改。

(5) 黎魁

公瑞原人，黎太祖兄子。生有奇表，從太祖起義，擒明朱傑、黃福等。後❶鎮化州，招集流移，勸課農桑，一境以安。尋以太原、石林賊將❷克紹、儂得泰等爭立，召還，命攻之，擒紹等以歸。又扈征哀牢，擒蠻將道蒙。已而知義安府事，甫到境，士庶夾道觀望，曰：「吾❸輩望公久矣，今日天其福我民乎！」居數年，政平訟理，吏民歌之。

仁宗大和四年，占城入寇化州，命鄭可征之。公以本部先進至賊境，賊見之，呼曰：「來此莫非司馬公乎？」免冑示之，賊皆羅拜，莫敢爭鋒。大兵至，遂擒其主賁該。師還，卒于海口，贈武穆公。驩民思其遺德，卽其沒❹處立廟祀之。

聖宗有詩云：

深許之也。武穆胸中列❺甲兵。

翼宗亦❻有詩曰❼：

驩州遺廟千秋在；傳道循良第一名。

【校勘記】

❶「後」，一本無。
❷「將」，原作「閑」。一本同，後抹去旁改作「將」。
❸「吾」，一本原作「車」，抹去旁改作「我」。
❹「沒」，原作「設」，據一本改。一本原作「設」，復於「言」旁上改作「三」。
❺「中」，一本脫。「列」，一本寫於行間。
❻「亦」，一本無。
❼「曰」，一本作「云」。

【三】 文臣以下

(1) 黎伯玉

伯玉在李仁宗時，以文學入侍。睿武六年，廣源儂反，命玉討之。將行，會軍于大興門外宣軍令。及至廣源州，叛黨望風逃入宋境。玉乃約束，沿邊而還。按❶：玉以文臣知兵，功著仁、英兩朝，爲一時元輔云。

【校勘記】

❷「按」，一本無。

(2) 黎輔陳

輔陳，愛州人。陳太宗朝，元將入寇，太宗親征，官軍少卻。顧左右，惟輔陳單騎出入賊陣，顏色自若。後，退次富良江，輔陳爲殿。賊兵亂射，輔陳以舟板翼之得免。翼宗有詩云：

單身突陣翼君身，不愧嘉名賜輔陳。（初名秦，陳太宗賜今名。）

(3) 韓詮

詮，本姓阮，陳朝❶太學生。時有鱷魚至瀘江，仁宗命詮爲文投江中，魚自去。帝以其事類韓愈，賜姓韓。詮善國語詩賦，我國詩賦❷多用「國語」自此始。

【校勘記】

❶「朝」，一本無。

❷「詩賦」，一本無。

賊境而卒。

(4) **杜天覰**（音蛆）

覰峽山人。陳仁宗世，奉使于元，還陞安撫使。明尊親征哀牢，覰時管神策軍，方病篤，命留後。天覰卽命家人舁詣永安門❶外，請扈駕曰：「臣寧死於營門之外，不死於床蓐之間。」往入

翼宗詩云：

投筆戎軒効執戈，西邊籌畫久研摩。病中慷慨猶隨駕，草葬遙希馬伏波。

【校勘記】

❶「門」，一本原作「間」，復在原字上改作「關」。

(5) **段汝諧**

諧，洪州長津人。遊學長安資福寺，時仁尊稱上皇，居天長府。一日，還京師，徧觀宮殿，子英宗劇醉，久不覺。上皇怒，卽回府。英尊醒覺大懼，趨殿外過寺，見汝諧告之故，且命草表文謝過。汝諧秉筆立就，與英宗同往天長，捧表立庭中。日晚，風雨大至，長跪不動。上皇乃命取表覽之，見其辭意懇切，遂召英宗，使復位。

英宗還京，拜汝諧御史中贊。時有忌其年少，詩誚之曰：

風憲論談傳古語❶，口存乳臭段中贊。

後因使占城，謁上皇，語移時。及退，上皇曰：「汝諧信善士，宜其蒙官家使令也。」先是，國使

至占城，皆先拜其國主，而後開詔。汝諧直捧詔書，置之案上，向❷之拜，但以拜詔爲名。其後使占城者不拜國主，自汝諧始。

翼尊有詩云：

拜表還能拜詔書；口中乳臭詡徒虛。

蓋深許之也。

【校勘記】

❶「語」，一本原作「語」，復在「吾」上改作「贊」。

❷「向」，一本原作「何」，旁改作「下」。

(6) 黎括

括，東山甫里人。朱安❶門人。陳明宗朝❷，以文學進用。括欲闢異端，以明正道，嘗作北江資福寺碑云：「佛氏福❸禍動人，何其得人之深且固歟！自京城州府至窮村僻巷，有人家處必有佛寺，廢而復修，鐘鼓樓臺，與民居殆半，其興甚易，其尊崇甚大也。余少讀書，志於發明聖人之道，以化斯民，而卒未能信於一鄉。間嘗遊覽山川，求所謂學宮文廟者，寥寥僅見，此吾所以有愧於佛氏之徒也。」其文淡而味，簡而嚴也如此。

翼宗詩云：

名都僻巷半招提，蔽障滋深孰點迷。幸有一碑明❹正道；朱門高第企昌黎。

【校勘記】

❶ 一本「朱安」旁有「受業」、「朱安卽朱文安」等字，「受業」抹去。

❷ 「宗」一本作「尊」，抹去。「朝」一本無。

❸ 「福」一本作「福福」，衍一字。

❹ 「明」一本作「開」。

(7) 裴伯耆

耆，下洪人，仕陳爲裨將。季犛篡陳，耆如明告難，請立陳後。明成祖感動，命周以衣食。及明擒二胡，召耆還，授右參議。耆不預衙門，但客居橫驛，多收舊臣之失所者。

(8) 武聚

聚，唐安穫澤人，黎鴻德進士。性廉直清介，未嘗妄取于人。聖宗嘗暗令人餽絹試之，聚不受，聖尊嘉其有楊震暮夜却金之操，賜「廉節」二字黏於衣領以旌之。家無寸儲❶，怡然自適。翼宗詩云：

却絹遙同暮夜金，臣心如水異君心。家無担石怡然樂，廉節官常合飭襟。

【校勘記】

❶ 「寸儲」一本作「担石」。

(9) 郭廷琛

琛，南昌人，黎朝探花，官侍郎。睿宗征占不返，後帝立，遣訃❶于明，言睿尊巡邊溺死。明人辭以三不弔，琛爭卞（辯），以爲占人犯邊，而睿宗有禦患安民之功，何爲不弔？明人乃遣使來弔。及莫氏纂國，佯耳聾辭歸。

【校勘記】

❶ 一本原作「計」，抹去，旁改作「琛」。

(10) 阮秉謙

謙，永賴中庵人。生週歲能言，四歲，能讀經傳正義，及長，以文名。年四十四，以親老家貧始應試，登莫大正狀元。在官八年，疏劾弄臣十八人，不報，遂以病歸，自號「白雲庵居士」。精於數學，事能前知。莫氏有大計，輒遣人詢問。嘗謂莫主曰：「他日有故，高平雖小，可延數世。」後果如其言。黎中宗無嗣，鄭檢使人就問。公不答，顧家僮曰：「今歲不稔，秋田當用舊穀。」檢會其意，遂迎立英宗。本朝肇祖阮淦將開基順化，使人問之。公顧假山羣蟻往來，笑曰：「橫山一帶可以容身。」使歸以告，遂定計，所言皆關天下大事如此。

清使周燦稱之曰：「安南理學有程泉。（公封程國公）」

(11) 武公道

道，唐安慕❶澤人，以俊爽稱。黎熙宗正和初，命尙書武惟斷赴闕，受莫俘。鄭主根欲以宦者申德才在其上，公道時爲御史，堅執曰：「此命若行，三都不敢秉筆。」根怒，公乃以頭觸柱，遂罷歸。性純質剛正，初爲山南督同，有一人瞰其妻不在，獻妓買寵，公拒之甚嚴，嘗曰：「我雖不逮古人，而未嘗❷犯好色之戒。」是亦人所難也。

翼宗詩云：

頭甘觸柱筆難書，却妓還能色慾除。

【校勘記】

❶「慕」一本作「暮」。

❷「嘗」一本作「常逮」，「逮」復抹去。

⑿ 段阮俶

俶，瓊瑰人。性耿介剛直，官僉都御史，以母憂去職，兩起復皆固辭。會黃公質擾興化，與黎惟穡爲黨援，俶上書請以金革事報國，乃起復爲監軍。師行進次古法，統領阮廷訓猶豫不進❶，俶劾之；卽命俶代爲統領，俶慷慨提劍令諸將曰：「不用命者視此劍！」遂進，破賊于青州。歸復辭職，乞終制。後與黎貴惇往勘淸化戶口登耗，俶請寬赦官田、土產、水產諸稅。

【校勘記】

❶「進」一本作「決」，寫於行間。

(13) 吳辰仕

仕，青威左青威人，號午峯。少劬于學，以文名。仕黎，官僉都御史。啓陳四事：一、申定課法；二、申飭訟例；三、追崇先儒；四、釐正文體。又條陳兵民事，皆底于行。尋出鎭諒山。時方饑饉，民多流亡。仕隨方調劑，招流民墾荒田，親督耕桑，爲藩民勸。是秋大熟，盜賊消弭，民皆安之。公餘嘗❶登三清峝，吟酌游咏以自適，有午峯集行于世。

【校勘記】

❶「公餘」一本作「餘日」，「日」旁寫。「嘗」一本作「常」。

【四】武將以下

(1) 黎奉曉

曉，愛州冰山人，少雄勇。事李太宗爲都統上將軍，征占爲前鋒，大破虜軍，擒其主乍斗。凱旋論功，曉不欲受賞，願立冰山擲大刀，驗刀墜地內，賜爲別業。乃登山，一❶擲十餘里，墜多麋鄉，因以賜之，蠲斫刀穀稅，故愛州賞功有斫刀之名。

【校勘記】

❶「一」，一本無。

(2) **李常傑**

傑，昇龍太和坊人，姿貌揚逸，多謀略，有將帥才。仕李❶聖宗，征占爲前鋒，擒其主制矩。仁宗世，宋用王安石言，命劉彝潛起蠻峒兵，禁不與我貿易。仁宗乃命傑伐宋，陷欽、廉二州，進圍邕州，破之。宋益怒，命郭逵合占臘來侵，傑又破之于如月江。兩敗宋師，聲勢震薄，傳爲武功第一。

【校勘記】

❶「李」一本作「黎」。

(3) **陳慶餘**

慶餘，陳同姓，封仁惠王。尋以事奪爵，歸至靈，以賣炭爲業。嘗有國語詩云：

如星恨事願罷却，唯怕乾坤多饑寒❶。

陳仁尊世，元人來侵，帝詔免罪，召議軍事，命爲副將。賊糧船至雲屯，慶餘敗之，收獲甚衆。元軍乏食，皆思歸，無鬭志，興道王遂敗之于白藤。平元之役慶餘預有功焉。

【校勘記】

❶原為喃字：「恨為帖㷓懞尝恪，仍悻乾坤夥几寒。」今譯為漢文。

(4) 范五老

五老，唐豪扶擁人。材器絕人，好讀書，倜儻有大志。少時，偶閱兵書，坐於道。時興道王騶從甚❶盛，過之。公不起立❷，軍士以刀刺之，亦不覺。王至，問故，公曰：「適有所思，故不之知。」王奇之，乃薦于朝，管右衞翼聖軍。三敗哀牢，一破占城。其行軍有紀律，待將校如家人，與士卒同甘苦，所領軍必爲父子之兵，故所戰必克，爲一時名將。嘗有詩云：

橫槊江山恰幾秋，三軍貔虎志呑牛，男兒未了功名債，羞聽人間説武侯。

【校勘記】

❶ 一本「甚」下有「衆」字。

❷ 「立」一本無。

(5) 韶寸

寸，清化人。陳裕尊辰❶，爲防禦使，屯東平江，善撫軍士，軍中樂之。以弟驕黠，連坐落職，軍中語曰：「天不知寃，韶公失官。」將歸，又爲語曰：「韶公之歸，使我心悲！」朝廷聞之，復其官。又爲語曰：「天知其寃，韶公得官。」其得人心如此。

【校勘記】

❶ 「辰」，一本補寫於行間。

(6) 丁列

列，藍山人，黎太祖外甥。與兄禮從起義兵，後與黎察攻殺明柳昇於支稜關。太宗世，以占人蠢動，督諸軍往化州巡哨，尋奉命伐琴蠻。又從聖尊伐占城，破闍槃，擒其主茶全。翼尊有詩云：

外則君臣內舅甥，同心攀附弟和兄；身經百戰匡王業，屢破明師剏狄兵。

(7) 鄭可

可，永祿金盃人。少有勇略，從黎太祖起義，前後凡數十百戰，大著勳伐。太宗朝，提師入占城，擒其主賁該。及受遺輔政，時仁尊方幼，可見朝堂有獵網，命撤去，曰：「無令上見之，啓他日之禽荒也。」聖宗朝，子十人皆貴顯。聖尊詩云：「十鄭弟兄聯貴顯」是也。

(8) 黎察

察，藍山人，有智勇。從黎太祖起兵，攻斬柳昇，生擒黃福，戰功居多。

(9) 黎隻

隻，東山人。明人之亂，隻糾集州里築城，依山自守，明人攻之不能得。及黎祖起兵，往從之，說太祖曰：「臣嘗❶歷義安，頗知險易，宜據琴彭砦，後徐出東都，則國事可成矣。」後果然，古所謂「爲將不可不知地理」，信哉！

【校勘記】

❶「嘗」一本作「常」。

(10) 陳眞

眞，慈廉人，封鐵山伯。黎昭宗世，海陽賊陳嵩陷昇龍。眞❶率舊勇士並鄉兵與嵩將相持。昭尊自西都進東京，眞挺身拜謁，與官軍合圍大興門。嵩遁走，竄于諒原不敢出。眞❷旣平嵩，鎭守京師，權在掌握，莫登庸亦憚之。

【校勘記】

❶一本「眞」下有「出」字。

❷「眞」一本誤作「嵩眞」。

(11) 鄭檢

檢，永福槃山人。少孤貧，牧牛鳳山，或盜人鷄鴨以供母。及長，雄勇出衆，往依本朝肇祖阮淦，領兵討莫有功，黎莊宗封諒國公。繼事中宗，中宗無嗣，檢用程國公「秧田用舊穀」之語，迎立英尊❶。其子孫襲王❷爵，號曰「鄭王」。相傳八代，俗所謂「非帝非伯，權傾天下」者是也。

【校勘記】

❶「尊」一本作「宗」。

❶「王」一本原作「于」，抹去，旁改作「子」。

⑿ 武文淵、武文密

淵，巴東人，鷙❶勇過人。黎昭尊世，莫氏篡弒，淵據宣光拒莫，自稱黎舊將。莊尊❷初立，甫有清化，勢尚微弱，文淵獨牽制上游，使莫氏不得並力。及卒，弟密繼領其衆。時方事討莫，密世守，宣光獨完，聚境內，商旅輳集，士庶蕃盛，稱爲樂土。以功封嘉國公。

翼尊詩云：

因亂攖城據上游；同胞同氣復同仇。

【校勘記】

❶「鷙」一本作「勢」。

❷「尊」一本作「宗」，下並倣此。

⒀ 黃廷愛

愛，永祿人，勇敢有謀略，有學識。黎莊尊世❶，累從征伐有功。又擊莫於馬江及義安，皆先登破賊。世宗世，莫敬讓大舉入寇，愛分三道進擊，大破莫兵，自是莫不敢復擾義安，居民始得安業。愛精兵法，身經數百戰，位兼將相，不以等威自挾，人皆稱其賢云。

【校勘記】

❶「尊世」一本作「宗辰」，下同。

⒁ 黎及第

及第仕黎英宗，爵端武侯。莫敬典大舉入寇，進馬江、藍江等處，攻安場壘外，煙火蔽天，日夜不息，官軍勢弱不支。及第乃用計，使軍士夜架外層壘，延袤十餘里，多用壁壘遮蔽，以泥土外塗，上❶放竹尖，一夜而假城成。敬典以爲眞城，不敢近，引兵退回。帝以其能勇決，多計策，升太傅。

【校勘記】

❶「上」一本原作「方」，抹去，旁改作「外」。

⒂ 范篤

篤，永福士山人。黎莊宗世，莫敬典領舟師百餘艘，由神符進駐金山。篤將水軍據上流，自有執江至金盃江，先遣輕兵誘敵深入，伏兵大起，渡江截其後，大破之，敬典遠遁。英宗初，敬典又寇清化，而使范瑤寇義安。篤載精兵於船中，張莫旌旗，入丹涯海門。賊兵不及設備，篤襲破之，瑤等遁去。篤多智慮，有文學，行軍嚴約束，一號令，所至，宣布威信，不妄殺，民夷懷服，世稱良將云。

⒃ 文廷胤

胤，香山人。黎顯宗景興初，鎮山西。時盜賊蜂起，鄭楹往討銀茄賊未下，寧舍賊阮遽乘虛直迫珥河、昇龍，人情恐懼。廷胤聞之，自山西將本軍晨夜兼行，士不及爨，但一隊二人抬大鐺，漬米其中，一人秉燭熱其下，且行且羨，熟卽分食。入夜至昇龍，賊將渡河矣。胤命本軍按河津，而盡括城厢民，人人各荷汲水杖一，兩頭掛黑線香，熱之，夜于河津絡繹布列。賊在北望，見南岸火點零星，以爲援兵大集，遁去。

⒄ 阮潘

潘，弘化人，以卒伍起身。景興中，安樂阮名芳煽亂，據山西上游，依獨尊、玉珮二山爲巢穴。鄭楹進攻，至都岐，賊悉衆拒守，射彈如雨。楹以劍付潘曰：「此市❶不下，卽以軍法從事。」潘卽解戰袍，衣絹衣，下馬地鬭，顧其手下曰：「今正我捐軀報國之秋，亦正爾報我眷養之日，諸有親老子幼，情不容斷者，聽各退出，餘各宜勉勵，共我決死生以報國，無慙負此鬚眉！」衆聞言，無一退者。進擊破之，遂擒名芳。師還，以功封潘派侯。三十年，黎維稲聚黨於鎮寧，據呈光峙，朝廷議攻討，率以難視之。尋以裴世達爲統領，以潘爲督領，調兵進討。達畏縮不敢進，潘以計激之，乃進兵。稲潰敗，自焚死。

翼宗詩云：

受刀解甲一身先，義激三軍共同前。玉珮深巢先失險，呈光向峙莫憑堅。

【校勘記】

❶「市」一作「屯」。

(18) 黎來❶

時明兵進迫，王會諸將謂曰：「孰能效紀信故事，使我晦迹山林，以圖後舉？」諸將皆莫敢應。黎來獨慷慨奉命，自願易袍向敵，指揮諸將，分道挑戰。明將益兵圍之，來力竭被執。明人殺之，遂死節於鄭皐。

御批：「君亦漢君，臣亦漢臣，千古不朽。」又詩云：

至靈山下四山幽，自著黃袍誑楚猴。他日東都新社稷，肯教紀信獨安劉。

蓋深許之也。

【校勘記】

❶此則原本無，據一本補。

大南行義列女傳

郭長城校點

大南行義列女傳　出版說明

編者菊侶黃新無考。此書所記日期最遲者爲行義傳之十一阮文名，「紹治六年旌」（一八四六），而書則印於維新己酉春（一九〇九），成書日期當於此兩者間。按序感歎「自嘉隆至明命數十年間」，守土者未能悉心探採行義、列女事跡，則其編書，極可能於紹治（一八四一～一八四七）末，如編於紹治後，至維新年間，則序當及紹治、嗣德、成泰等諸年號。如此，估計編者爲十九世紀人。

此書之序，已備言其編輯意圖及方法。其行義傳所記各人皆得旌，大概錄自「館本」（國史）。列女傳除第四氏性、第五阮氏好外，餘皆旌獎，估計亦錄自館本。阮氏好條謂「此事不知有否旌獎，傳不見載」，則此條來自有關傳記可知。而氏性條按其內容，又極可能錄自掌奇晃傳。故列女傳各則仍自史館錄來。其附錄各則，及於各朝，如序所謂「玆謹因館本備錄外，餘有何人何事，見諸記載可憑者，謹亦摭錄於後」之意。其志則宏，其錄亦簡。

本書刊於維新己酉春，觀文堂藏版。半葉七行，行廿字，四週單欄，版心有雙魚尾，魚尾上署「行義列女傳」中間錄頁次。本書無總目，行義傳不標出，各條亦無編號，現皆補入。原本行義傳第三黃氏欣條有眉批一則，現附於該條之末，不另出校記。

維新己酉春

大南行義列女傳

菊侶黃新編觀文堂藏板

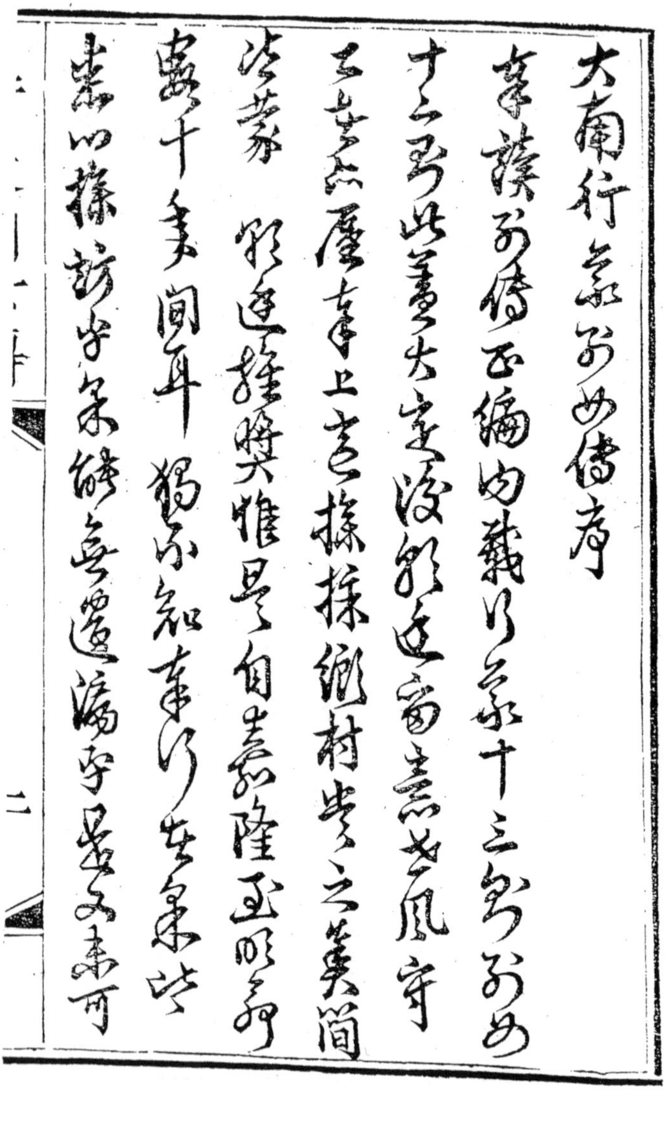

大南行義烈女傳序

嘗讀烈女傳正編所載行錄十三烈女

十二烈女此書大定後紀述嘉言風守

之於古嘉歷古年上書採採鄉村叢之莫簡

流芳　新近雖獎惟是自嘉隆至明命

數十年間耳　獨不知事行其象者

無以採訪其實錄無遺漏其是來可

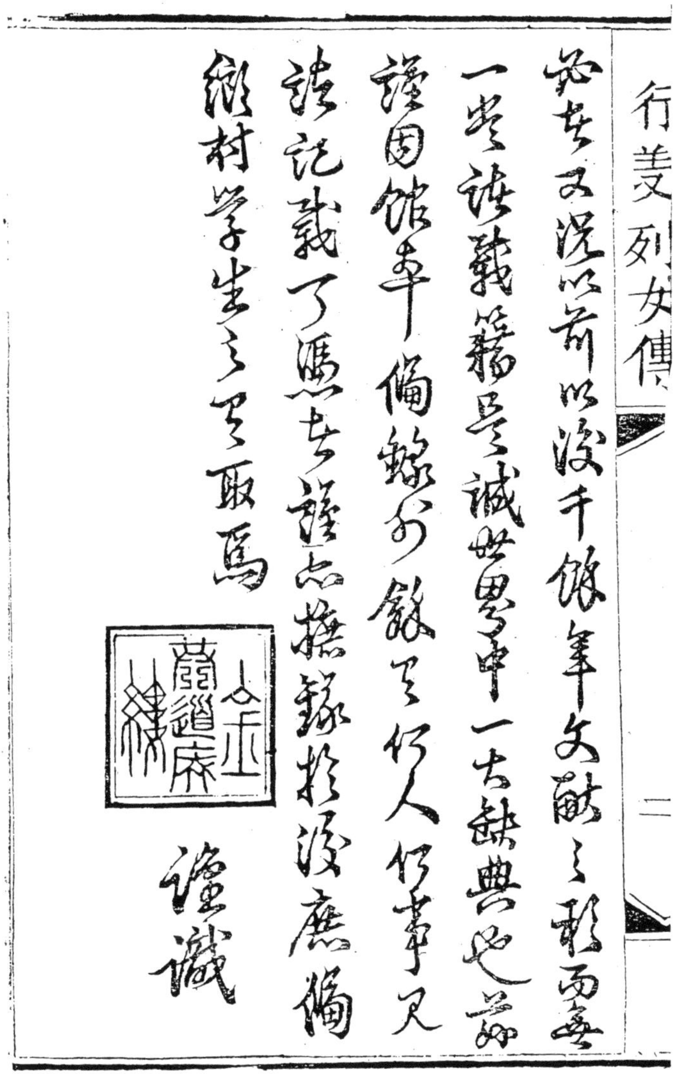

行姜列女傳　二

然其文況以前以後千餘年文獻之散而無一書記載範籍是識世界中一大缺典也茲如譚因館中偏錄所叙至何人何事見諸記載了憑其譚之據錄於後應編鄉村學生之所取焉

譚識

枚仕[忄柬]

清化峩山人姓阮七歲其姑適枚氏而早寡亦無所出養[忄柬]為子故姓枚自少恭謹廉介為鄉里所稱保為里長盡心鄉事躬執四喪皆三年廬墓則並其生養父母也地近山林虎豹之跡夜徧四旁[忄柬]不之畏虎亦不之犯一夜虎攫一猪置墓前如設祭狀向晨失猪者跡得之[忄柬]語以故失者負之歸兩俱無猜他

大南行義列女傳　序

奉讀列傳正編，內載行義十三則，列女十二則，此蓋大定後，朝廷留意世風，守土者亦廑奉上意，探採鄉村，光之美簡，皆蒙朝廷旌獎；惟是自嘉隆至明命數十年間耳，獨不知奉行者，果皆悉心探訪乎！果能無遺漏乎！是又未可必者。又況以前以後千餘年？文獻之邦，而無一光諸載籍，是誠世界中一大缺典也。玆謹因館本備錄外，餘有何人何事見諸記載可憑者，謹亦摭錄於後，庶備鄉村學生之有取焉。

金縷黃道成謹識

【一】行義傳

(1) 枚仕慷

淸化峩山人，姓阮。七歲，其姑適枚氏而早寡，亦無所出，養慷爲子，故姓枚。自少恭謹廉介，爲鄉里所稱，保爲里長，盡心鄉事。躬執四喪，皆三年廬墓，則並其生養父母也。地近山林，虎豹之跡，夜徧四旁，慷不之畏，虎亦不之犯。一夜，虎攫一猪置墓前，如設祭狀。向晨，失猪者跡得之，慷語以故，失者負之歸，兩俱無猜。他日，義商者自北歸，路梗，投宿慷家，潛埋銀後園。（意者路梗不便携帶，旣人不知，則置之以爲他日來取耳。）及歸，忘置銀。數日，慷子栽樹後園，得銀六十兩。以告，慷令莊（裝）之。他日，商來，慷問之。商以實告，慷悉如數還之。商辭謝，服其長者，保爲總長。總人咸服其德，家門雍睦，鄉里矜式。子全，閑於家訓，亦有父風。明命八年旌契。

(2) 阮文就

富安同春人，性篤孝，雖有妻室，而居從父母，晨昏定省，先意承志。父母歿，苫塊廬墓，日夜不離。家計單寒，而養生送死，必竭其力，行誼爲鄉里推服。子紹，確有父風。父疾病，晨不離側；父不食，紹亦不食。父喪，廬墓哀慼之情，感動鄉里父。明命四年，厚頒銀緞，旌門曰：「孝順可風」。八年，得召見，賞賜子。明命十八年，賞銀緞，旌門曰：「克紹孝風」。紹治三年，重蒙加賞，國恩稠疊於孝子之門，可謂榮矣。

(3) 阮文柳

平順安福人，八歲喪父，母寡居守志。柳事之盡禮，飲食必跪以進，溫清定省，動遵古訓。母沒，廬墓側讀禮課生，三年不進酒肉。明命八年旌。

(4) 阮居仕

承天香茶人也，國初功臣新明侯阮居貞之孫。明命三年，居仕年十四，其父居俊爲廣治營該簿，坐贓論徒。居仕以情呼籲，乞代父囚，詔許之。鎖配充役，居仕怡然，受之無難色、無懼意。帝聞而嘉之曰：「居貞有孫矣！」卽釋之。此其少年天性也。父病，湯藥奉侍，一如成人。孝子蒙旌扁（匾）曰「孝行可風」。後讀書，官至布政。

(5) 阮文縫

義安東城人。黎末，其父當揀爲兵，縫願替行役。俄以功陞千戶僉事總知。後更，以父母老，乞終養。會地方海水漲溢，人畜多蟄（沉）沒，父緣木以避。母方病，縫忙遽負之上屋，其少女溺于水弗顧也。父歿，喪葬盡情禮。母後得癰瘡，縫躬親湯藥，年餘不離側。母沒，一如前喪。服除，猶月三次省墓。哀至則哭，終其身。明命八年旌。

(6) 謝有度

義安東城人，少孤好學。西山之亂，所至抄掠，村里騷然，人多被其害。賊至東城，度母荒竄，爲賊獲。賊將殺之，度以身衞母，哀請代死。賊義而釋之。母老病，饘粥藥餌，無不躬親，經歲餘年，無時少懈。居喪，哀慼盡禮，日日於墓前號泣，哀感行路。明命八年旌。子珪，官廣平布政。

(7) 阮廷祭

山西白鶴人，父廷玖，母黎氏，生祭及丁，妾生子撰。父溺愛妾，家產付妾管業，妾挾寵客妬。祭、丁隨母，別業營生以養母，而時回家定省，無敢忽略敬父。妾愛庶弟，人無間於家庭之言。母病，兄弟侍湯藥；母歿，喪葬畢，復還同居。事父妾如母，孝敬備至；妾亦化妬爲慈，視祭兄弟如己出。堂叔阮惟長苦貧，祭將己田產分給之。外祖家貧，且無嗣，廷祭擇同派人主祀事，分己田產，以供忌臘。鄉里咸高其義。明命八年，蒙賞銀緞及表門。

(8) 阮文程

義安瓊瑠人，性醇孝謹，孝行夙敦。母患腹痛經年，醫曰：「此犯孔雀肉毒，須得猬胃療之。」程獨往山中尋猬，經久弗獲。燥甚，禱于神。神賜夢曰：「汝爲親情切，不避山深獸惡，眞孝子哉！吾其賜汝。」明日，果于廟東得之。歸以調藥，母病立瘥。明命三年，其父爲盜所掠，索贖銀百五十兩。程罄產，得九十兩，賊少之，怒，將甘心殺之。程哀泣，請以身代。賊憐其孝，釋之。乃扶父移居府城作賈，以給奉養。父歿，廬墓終喪。後奉骸骨歸葬鄉土，喪葬之需，一切不與兄弟計較。明命十一年旌賞。

(9) 阮春盎、潘廷誼

春盎，義安東城人，早孤，事母孝。盎一日隨母與同人刈麥，虎突出，倒傷其母，衆盡驚走，春盎操杖前與虎抗，且以衞母，虎被傷捨去。母傷病年餘，盎日夜葯餌不離側。母喪三年，日日往墓哭踊，哀感行旅。

潘廷誼者，河靜石河人，早喪父，事母孝敬。盜掠其家，執母考掠。誼單身哀泣，乞以身代。盜釋之而捉誼去，鄉里追拏，盜亦捨誼。

明命十八年，二人俱被旌賞。

(10) 阮文良

北寧陸岸人，性樸魯，與人未嘗爭兢（競）。幼居母喪，哀戚盡孝。及長，父病，奔走求醫，日夜虔禱。居喪廬墓三年，哀哭漸至喪明。地居山林，素多惡獸，良日夜不離墓所，惡獸亦毫無所犯。可見孝子深情，惡獸亦生善心，天道然也。明命二十一年旌。

(11) 阮文名

廣義平山人，舉秀才，事親素著孝行。近山多虎，名父于田爲虎所攫，名居家心動，卽率家人往得父屍，覩虎跡後一足偏小，繩而誌之。既扶父屍回葬，乃日夜以捕虎爲事，設檻懸機，徧跡山谷，忘寢廢食者累年，殺虎甚多。一日，獲虎後足偏小，較之果符前誌，乃刳虎祭父墓。祭畢，切而啗之盡，因得心疾。人來探者，咆哮搏躍如虎，日久漸醒，但垂淚無語。紹治六年旌。

⑿ 潘登瀛

義安東城人，父母皆早世，獨事祖母，惟訓是從。盜入其家，祖母不及走避，盜得之，以油火爇其手指，家人盡驚走。登瀛時年十三，單身冒刃，前來滅火，向盜哀乞，盜憐而釋之。祖母病，躬身湯葯，晝夜省侍，半年未嘗少懈。祖母病瘳，一念恭順，鄉人愛而敬之。明命八年旌，則登瀛年始十七也。

⒀ 阮廷坦

義安眞祿人，性樸實，耕田爲業，與人未嘗爭競，鄉里樂與之偕。因買舊宅構作時，使其孫鋤去瓦礫。得銀一笏，(十兩)歸以遺坦。坦曰：「是必賣主所藏物，非己有而取之，不義，須俟還他。」他日，舊主來認曰：「是故夫所藏。」坦卽以還之。事雖細行，而臨財毋苟得，其有合於聖經之遺訓歟！明命八年，事聞，亦蒙頒賞。

【二】 列女傳

(1) 阮氏金

北寧良才琵琶人也，黎昭統宮嬪。孫士毅之敗，黎帝奔清，嬪弗及從，潛匿村邑，人弗之知。嘉隆三年，黎帝櫬還至昇龍，嬪赴喪慟哭，語家人曰：「吾事畢矣。」遂仰葯而盡。總鎭阮文誠厚給殮葬，兼具事請旌。明命立石于其鄉，鐫曰：「安貞殉節阮氏金之門」，給墓夫二人，祀田二十畝，令黎族監其祀。

(2) 阮氏語

其先廣平人，後從承天香茶少師鄧德超之妻也。年十五，歸少師，生一子一女。西山之亂，少師棄家入嘉定。時夫人年二十一，杜門守志，教育子女。西山將、司徒、少傅爭欲娶之，夫人誓不改節。明命八年，勅賜「彤管芳標」扁（匾）額，建坊頒銀幣。紹治二年，頒參桂衫帛。年八十二卒，復厚頒給。功臣之妻，能全婦道，為朝廷所重，宜其旌獎特異歟！

(3) 黃氏欣

北寧洽和人，招討使武元諒之妻也。氏痛其夫之死於賊，辛酉，潛詣施耐軍次，因鄧陳常入見，以賊情聞。尋奉命間道北歸，招諭豪目。事泄，為光垂所獲。氏不屈，伏刃而死，無子。嘉隆元年，廕其姪一人，主祀事，給祀田十畝。後其姪干偽案，田入官。初，諒祀在義安，（或者元諒死事在義安歟？）氏祀在北寧，所頒勅書沒於盜。事聞，改給義安公田，與元諒合祀。

大丈夫之事，婦人何能幹，宜其死矣。

(4) 氏性

姓貫失詳，掌奇晃之妻也。中興初，賊寇嘉定，王師失利，晃走免。氏為賊所擄，解回歸仁。癸卯，疊石嶼之役，晃為賊所獲，賊誘以利，欲留為用。晃不肯降，為賊所殺，氏在歸仁聞之，亦投江死。

(5) 阮氏好

鄉貫失詳，知簿潘文漢之妻。庚申中興初，武性鎮平定，爲賊攻圍。氏從漢在圍城中，受性密表，潛出，詣施耐，行至，爲賊所獲，拷掠備至，終無所言，乘隙投江而死。此事不知有否旌獎，傳不見載。

(6) 潘氏莊

義安羅山人，年十七，許嫁，未及于歸，而其夫溺死。氏聞之，告於父母，請奔喪。父母許之，乃就喪次襄事。喪服三年，足不及市肆。服闋，人爭委禽，姑勸改適，不從，而立夫之姪爲嗣。姑死，喪葬如禮。苦節自守三十七年而終。明命八年旌。

(7) 阮氏倚

山西山圍人，年十五，嫁書生阮顯，生男女各一。顯死，氏年二十四，姑憐其早寡，將使改適。昏期定，氏知之，卽投江自盡；鄉族爭救之，得免。其姑懼而停婚，則孀居奉姑，撫育子女。朝議嘉其操，明命八年旌。

(8) 陳氏旬

山西安樂人也，年十一，適陳有勵。十八而勵死，未有所出。氏有美色，人爭委禽。父母憐其早寡也，以情告其舅姑。舅姑許之。氏曰：「婦人之義，從一而終，何忍復履他人門戶乎！」其母屢往要之還，氏溫辭以（緩）之，乘間於亡夫靈座前，焚香泣拜，手持一盞，跪而祝曰：「願死相從，以全婦道。」語未竟，而姑適從外來，奪盞視之，則砒霜酒也。自是不敢復言。明命八年旌。

(9) 蔡氏縈

義安東城人也，年二十二，嫁于鄉人，方有娠而夫亡，舅亦繼歿，姑又衰老。家酷貧，氏執喪事姑，勤劬婦職。彌月生男，養姑育子，備嘗艱苦。有豪者悅其色，強納聘于其家，氏乃携姑抱子，避地他鄉，數年乃返。姑死，喪葬盡禮。明命八年旌。

(10) 張氏雲

南定眞定人，年二十，適武招，生一男。三年而招死，食貧養子，以度歲年。強豪者悅其色，欲逼娶之，而志不可奪，竟以刀自劓其面，守志益堅，強者不能奪。明命八年旌。

(11) 阮氏清、阮氏始

清化弘化人，年十八，適進士范攸。（范攸即范阮攸，字好德，高科顯官，當時大名義安人也。至靈山亦義安地。）過門後，勤供婦道。西山之亂，從攸避地至靈山，賊屢索之。攸義不俛賊，仰藥自盡。夫人時年三十三，無子，廬夫墓旁。賊將委媒求娶，夫人髮尼服，佯狂以免。事平，乃携夫骨還葬鄉土。范公不玷科名，夫人不愧儒門令婦，一家雙節，宜爲朝寧旌褒。

又峩山人阮氏始者，年二十而夫亡，人多悅其姿色，爭求問名。氏鍋墨毀顏，苦節自守，以全節行。明命八年，亦與范夫人並旌。

⑿ 潘氏篤

慶和新定人，黎明識之妻也。年十五，歸識，生一男一女。年十九而識死，持服三年，不茹葷。服闋，人有問名者，姑與父母俱勸之。氏曰：「夫亡子幼，老姑在堂，何忍改節？」乃截髮誓曰：「妾若有心，有如此髮。」姑與父母知其不可奪也，深嘆息而嘉獎焉。明命十一年旌。

【三】附錄以下

(1) 二徵女王　史者甚略，另俟搜訪。

(2) 翠靄潘氏

(3) 陶家節婦　事在屬東紀。

屬唐時，交州節婦金氏者，賊帥陶齊亮之母也。以忠義誨亮，亮凶頑，不從。母絕之，田而食，紡而衣，州里式焉。唐帝詔旌表，賜兩丁侍養，本道存問終其身。

(4) 媚嬿夫人

占城王正妃也。李太宗征占，大破之，斬占主乍斗，悉俘其妃嬪宮女，媚嬿在焉。師還，次莅仁行宮，召妃侍御舟。妃愧憤，褁氈投江而死。帝嘉其節，封協正佑善夫人，立廟祀之。今廟尙在里仁府，稔著靈應。

(5) 陳太后

后性仁慈，愛護庶子如己出，遇妃嬪有恩，爲母德之冠。英宗崩，后齋素自持，獨不受佛戒，曰：「未亡人不可見僧面，亦奚以衣鉢爲哉！」居寺十年而終。

(6) 陳氏烈婦

國朝初基南服時，南中名美良者，聚衆作亂。遣張茶襲擊，焚其寨。美良走，茶復進，爲賊將義山射之斃。妻陳氏，卽男裝督兵，進復戰，射殺義山，賊衆悉潰。師還，封郡夫人。

(7) 裴文奎妻

黎中興時，海陽鎭將潘彥與吳廷峩、裴文奎舉兵反，奎妻阮氏有美色，彥殺文奎而通信于阮氏。阮氏諾之，陰設計殺彥，令置酒張彩于船中，暗伏力士于後，遣美婢唱曲，泝流以迎潘彥。潘彥喜極，卽來登船，持杯暢欣（飲），力士起而殺之。以頭祭其夫，囑子歸順，而自投于江。

終畢

南國佳事

郭長城 校點

南國佳事　出版說明

本書不著撰者姓氏，亦無出版時間地點。內頁形式倣古書，實已洋裝排印。其形式與南國偉人傳相同，內容相近。估計出版於同一時期，爲同一人所作。就其扉頁及序觀之，可能出於本世紀初，流亡中國之越南愛國志士之手，並於中國刊行者。作者爲南國偉人作傳，並記南史光輝史事，指出前代之「明君良臣、偉人烈士，以自立爲主義，以愛國爲精神」，而以此將「國季世寶，公人見聞，或可爲喚醒國民之一助」云云。

南國佳事傳序

金玉藏於深山不有居奇者不能為世之寶芝蘭雜於叢棘不有愛花者不能為國之香名人勝事其寶也重於金玉其香也芳於芝蘭苟非搜採表揚之則隔世之下鬱而不彰有志者不能無深山叢棘之慽焉我南立國最古自鴻厖迄今無慮四千餘年其間明君良臣偉人烈士以自立為主義以愛國為精神固屬指不勝屈雖斷簡殘編幾經風雨而英風奇氣猶凜凜浹紙背間

南國佳事 序

金玉藏於深山，不有居奇者不能爲世之寶；芝蘭雜於叢棘，不有愛花者不能爲國之香。名人勝事，其寶也重於金玉，其香也芳於芝蘭。苟非搜採表揚之，則隔世之下，鬱而不彰，有志者不能無深山叢棘之憾焉。我南立國最古，自鴻龐迄今，無慮四千餘年。其間，明君良臣，偉人烈士，以自立爲主義，以愛國爲精神，固屬指不勝屈。雖斷簡殘編，幾經風雨，而英風奇氣，猶凜凜浹紙背間，殊令人崇拜不暇，斯非我國民之金玉芝蘭歟！所恨者，本國從前專尚科舉，學者埋頭北史，而祖國名人勝事，置若漠然。故問以漢高、諸葛之事跡，雖三尺童子，應對而有餘；至問以黎祖、陳王之事功，則老師宿儒，搜討而不足。遂使英雄埋沒，無一出現於環球世界中，無怪乎觀感之念日薄，愛國之念日微也。竊不自揆，略爲裒集，凡有關於祖國佳事者，一一考求，顏曰：南國佳事。庶幾國香世寶，公人見聞，或可爲喚醒國民之一助也乎！是爲序。

南國佳事

【一】夜澤王

王姓趙，名光復，朱鳶（今快州府）人，爲前李南帝左將。南帝既爲梁陳伯先所敗，王繼統其衆，與伯先相持，度其力不支，乃退保夜澤。其澤在朱鳶，周迴不知里數，草木榛莽，中有基址可居，四面沮洳難行，惟用獨木舟可到。王乃引兵屯其中，夜則以獨木舟出擊賊，殺獲甚衆。賊諜而攻之，不能得。國人號夜澤王。後伯先歸梁，留其將楊孱與王拒。王擊敗之，國始定，遂稱趙越王，都龍編。此我國獨立之大英雄也。

翼宗有詩云：

夜澤王，夜澤王，宛在水中央。地利兮可據，道阻兮難詳。葦蘆兮蒼□（蒼），泥淖兮汪汪。獨木船兮任出沒，伯先歸兮孰能當。

深讚之也。

【二】白藤戰

吳王權，唐林人，爲楊廷藝牙將。初廷藝逐漢節度留守李克正，而自領州事，後爲矯公羡所殺。權乃討公羡，羡求救於南漢。漢主龑（音掩，高明貌。），欲因其亂而取之，乃使其子弘操將兵來援。舟師自白藤江入。權謂諸將曰：「弘操遠來，士卒疲弊，又聞吾已誅公羨，無內應，氣已先奪。吾以逸待勞，破之必矣！然彼利於艦，不先爲之備，則勝負未可知也。」乃潛植大杙於海門，銳其首，冒以鐵。賊至，以輕舟挑戰，佯北以誘之。賊果深入杙內。潮退甚急，船皆著杙以覆，士卒溺死太半，遂擒弘操殺之，自立爲王，都螺城。王之深謀遠算如此，眞英傑哉！

翼宗有詩云：

白藤江面波流急，白藤江心樁杙立。奇兵倏走又倏來，百萬漢軍魚腹入。公羨馘，弘操擒；詭謀妙運由一心，白藤江水未爲深。

【三】 范令公存孤

吳王遺命后弟楊三哥輔其子昌岌，三哥篡而自立，稱平王。昌岌懼，奔南策，住茶鄉范令公家。三哥立岌弟昌文爲王，又命將兵至令公家索取昌岌，更不能得。後昌文廢三哥爲張楊公，迎昌岌歸。

翼宗有詩云：

平王平王爾何人，鴟鴞厲吻狼張唇。既毀其室又取子，三索無休胡不仁。令公令公亦人類，菩薩其心君子志。保全昌岌不忘吳，杵臼、程嬰非俊異。令公始末何寥寥；無乃仲連之徒塵外超。

【四】 阮楊戈

李英宗年幼，事無大小皆委於舅氏杜英武。英武遂與英宗母黎氏通，出入禁庭，肆行凶穢。

武帶等與火頭阮楊定計，率軍捕英武，繫于興聖廊。黎后令人餽以酒食，密以金賂帶等及守者。楊曰：「汝等貪賂，我與汝必不免於英武之手。」乃執戈欲刺之。帶止之。楊怒曰：「何貪人之賂而不惜命乎！」言訖，知不免，赴井死。後英武得勢，報怨，帶等皆被害，果如楊言，其先見如此，可謂知人矣。

翼宗有詩云：

阿房房中陰穢鬱，北門門內腥臊溢。廣慈又見太尉來，義士衝冠正茲日。協心戮力清宮禁，元惡就擒將伏鑕。盤餐杯酒金味多，易令衆正移心術。火頭小卒獨知幾，瞋目張腑戈直揮。不寧同死奸臣手，先為諸公絕禍機。嗚呼哀哉誰察微，稱兵犯闕咎誰歸。一日駢誅自貽醜，不如赴井猶光輝（廣慈太后，即黎后也。）。

【五】鼎耳堤

陳太宗辰，河決清潭堤，令諸路築堤，自源頭至海口，以遏洪水，名曰鼎耳堤。所築之處，視民田地，依價還錢，是我國堤防之大者也。

翼宗有詩云：

鼎耳堤，陳太築。自源頭，至海曲。禦狂流，保人畜。憶昔唐堯辰，洪水害最酷。四岳率舉鯀，方命又圮族。九載績弗成，幸而禹能續。決川與濬澮，隨山而刊木。蒸民乃粒食，平成宅四隩。只惟順水性，不聞障河瀆。又聞中國黃河流，遷決不一無辰休。宣防瓠子費補塞，賈讓三策勞自籌。賈魯季馴迄于清，難復禹迹終貽憂。我國珥河徵相同，發源雲南洮瀘通。上游達海迂且遠，一遇漲潦多潰澒。隨決隨填無異策，年年勞費難成功。前人爭河已如此，後人循襲誠難已。雖然有堤民已慣，不敢更張視堋圯。雖然有堤非自陳（我國李朝築機舍堤。），巨費長防茲肇紀。

【六】蘭亭宴

陳聖宗天性友愛，嘗謂宗室曰：「承祖尊之業，當與兄弟同享富貴，憂則同憂，樂則同樂，則萬世之福也。」詔令宗室朝罷入蘭亭，與之宴飲。日暮，則設枕被，以篤友愛之情。至於朝賀大禮，則正位次等級，是以諸王侯莫不和睦，無驕矜之失。宗室之賢，如陳國峻、光啓、日燏、國瓚，皆為國討賊立功，無他變故。陳之睦族如此，卽書之所謂惇敘九族也。

翼宗有詩云：

蘭亭亭上開嘉筵，籩豆有踐肴核連。三漿六膳不難致，八珍九醸羅於前。筵中是誰森冠紳，振振公族匪他人。君王友愛寔深至，四海甘旨同懿親。上下酢酬歡旣洽，惠氣和風充六合。不知晝永為情長，長枕大被還相接。有唐華萼相輝樓，鶺鴒笙歌躭逸遊。何似蘭亭會上語，語語同樂兼同憂。他年兩次退大敵，得力由斯先感激。陳家風化固多懃，惟有親勳超古昔。

【七】單騎平賊

陳日燏，太尊子，聰明多智，尤善於料敵。仁尊辰，沱江鄭角密叛，討之不克，乃命燏招諭之。密致欵曰：「恩主以單騎來，則密降矣。」燏卽以五六童子來。或止之，燏曰：「彼若背我，則我國猶有他王來。」遂直入其砦。密延坐，燏通蠻語，各諳其俗，與密手食鼻飲，因開諭之。

密大悅，詣營降，不勞一鏃而沱江平。

後重興間，元人入寇，燏與光啓、國峻協謀拒敵，令本軍挾宋之亡人，衣宋衣，執弓矢以戰。元人疑有宋助，驚潰。故敗元之功日燏爲多。燏有雅量，學問該博，尤通諸蕃語，凡占城雜蠻及外國使至，各以國俗接之，仁尊嘗稱爲蕃落後身云。

翼尊有詩云：

沱江叛，昭文（燏之別號。）來。沱江服，昭文回。一來一回豈容易，腑大如斗能先猜。又諳四夷異音俗，攻心自可□（同）狼豺。此日單騎平角密，與昔令公獨見回紇猶髣髴。他年福德事業保，今終亦與汾陽儘如一。非惟蕃落之後身，謂之汾陽後身亦非失。

【八】興道王杖

陳國峻，封興道王。其父安生王是太宗兄，以太宗奪其妻，遂生嫌隙。將終，囑興道必取天下，興道不以爲然。及元入寇，聖尊佯問曰：「賊勢如此，我可降之。」興道曰：「先斷臣首，然後降。」乃命節制諸軍拒賊。辰國峻扈從太尊，手持木杖有錞，人以安生王之舊隙，多側目睨之。國峻乃抽去其錞，但持空杖而行，以絕群疑，其周縝如此。後與昭文等破元師于白藤江，爲陳功臣之冠。

翼宗有詩云：

杖下有錞危，不如無錞安。頭可斷，賊不可降，平賊誠難仍未難；股肱骨肉兩無閒，幹父之蠱忠孝殫。

【九】國公洗上相

陳光啓聰明有學識，與興道王不協。一日，興道王自萬刼來，光啓下船遊戲竟日。興道請光啓浴，乃解其衣，以清水洗之，曰：「今日得洗上相。」光啓亦曰：「今日得國公洗浴。」自此，情好愈篤。及征元，二公同心夾輔，功名爲辰稱首。

翼宗有詩云：

洗上相，非洗軀。平昔久不協，一洗誠意乎。山河剩腥羶，一洗清舊汙。負荊刎頸今再見，公爾忘私真丈夫。豈如杯酒未釋嫌，下及黃泉猶與俱。猶與俱，胡為乎喪名僨事何其愚。

【十】官家捧表人

陳英宗劇醉，爲上皇仁宗所怒，欲往謝過。趨殿外，過資福寺，遇段汝諧遊學在此，因命草表之，與之偕往天長府謝罪（時仁尊禪位，退居天長府。）。上皇見問，內人以官家捧表入對，上皇不應。薄晚，風雨大至，汝諧長跪不動，乃命取表觀之，見其詞意懇切，因使英宗復位。英宗還，拜諧爲御史中讚。人有忌其年少，詩誚之曰：「風憲談論傳古語，口存乳臭段中贊。」尋謁上皇，與語移時，曰：「汝諧信善士，宜其蒙官家使令也。」

翼宗有詩云：

英宗鳳乘蹻蹻行，資福寺前邂逅歡。草表立成猶覺易，捧表長跪何其難。滿庭風雨亦自若，雷霽日回由心丹。全人骨肉社稷功，俗眼伏作乳臭看。

【十一】鄧黎高義

鄧藻奉侍英宗泰陵在安生山，明鄮進謁，藻嘗避□（之），帝憐其貧，賜田二十畝。其田先已賜次妃千春，藻未嘗與之爭。黎鐘賣其田宅，挈家於安生居焉。二人皆終老於此。

翼宗有詩云：

泰穆公，葬生人；黃鳥哀，何不仁。何如鄧與黎，戀慕終其身。生為泰陵臣，死為安生神。名面不欲君王知，何況賜田爭千春。

【十二】逋姑捷

陳末，明遣張輔等來侵，擒季犛父子，郡縣我國取之。簡定帝起兵，遣鄧悉調順化、義安、新平、清化等處軍，與明將沐晟戰于逋姑渡。帝援桴鼓之，令諸軍乘機縱擊。明人大敗，晟走入古弄城。帝曰：「乘破竹之勢，席卷長驅，進攻東關，破之必矣。」悉猶豫未決。後簡定帝信阮簀之譖，誅之，使大臣不終，哀哉。

翼宗有詩云：

逋姑捷，軍氣揚。彼勢弱，我勢强。長驅迫東關，破竹勢難當。胡為乎徬徨，胡為乎徜徉？大勳尚未集，讒夫已遽昌。長城忽自壞，之子誠無良。蓋惜之也。

【十三】 城南盟

黎大祖既誅柳昇，以所俘獲示東關城。王通援絕勢窮，遂請和北歸，與帝會盟于東關城之南。帝具牛酒綵旗圖帳厚餞之。初，明人郡縣我國，殘酷無所不至。及□（令）引兵北歸，我國始定，復爲獨立國。

翼宗詩云：

今日索翠羽，明日索明珠。剝削民膏脂，難飲饕餐徒。君門萬餘里，斯民其何辜。堂堂大明國，狡詐欺群愚。藤口覓陳氏，聲言除二胡。翦滅其官屬，郡縣其邑都。黎庶共切齒，引領待一呼。藍山真人起，牙爪齊爭驅。馬鞍梟柳昇，東關勢益孤。城南乃定盟，南北還舊區。兆姓登袵席，三尺開泥塗。功德其遠大，直與丁皇符。

【十四】 滅占城

占城不修職貢，凌辱朝使，侵擾邊民，誣詐明人，求援入寇。黎聖尊征之，進圍闍槃城。城陷，令諸軍曰：「府庫財物各宜封守，不得燒焚。占王茶全生致轅門，不得戕殺。」諸軍遂生擒茶全，引至。帝詔班師，以所俘獲獻于太廟。

翼宗有詩云：

蠢爾占城蠻，逖居林邑地。篡奪內相尋，侵掠外愈肆。乍臣復乍叛，數為邊氓累。豺狼性難馴，狐鼠慣潛避。誣妄託明兵，倨傲辱朝使。厥罪不容誅，神人共憤恚。王赫怒，爰親征。進虎臣，董貔兵。六師發，萬姓迎。微雨潤，和風鳴。遂進圍，闍槃城。擒渠魁，致御眥。封府庫，令嚴明。三軍同踴躍，一鼓武功成。護俘獻太廟，函首告藍京。衣裳易氈毳，人烟嵐瘴輕。除凶雪恥企唐太，變夷為夏臻永寧。修文奮武真英主，鴻德治效誰與爭。

【十五】長派侯髮

黎僩，北寧大卯人。侍郎允僩之子，封長派侯。初，黎出帝爲阮惠所逼，求援于清。清兩廣總督孫士毅來援，潰敗走還，出帝從之。僩與從弟値，及李秉造、鄭憲續次隨至。清帝使閣臣福康安往代毅，安紿出帝，使薙髮易服，安卽誣奏于清云：「黎皇欲安居中國，不願歸國。」因札召僩議事，遂逼令薙髮。僩曰：「承召談國事，今無所談，獨令薙髮，吾輩頭可斷，髮不可斷。」安怒解送燕京，清帝見之曰：「忠臣也。」

翼宗詩云：

聞嚴將軍頭與稽侍中血，又張睢陽齒，及顏常山舌。炎方豈無人，有長派侯髮。不特忘忠義，薙髮遺體闕。能全忠孝歸，大邦足愧殺。

【十六】馬　僮

黎出帝北走，有馬僮阮文涓清化東山人，從至燕。出帝與諸臣來請兵，先就清都統金簡知會。簡不納，且以計詭鎖諸臣，送三百里外安置。出帝憂憤，馳馬入圓明園，告于清帝。涓執轡，至園大呼。園者恐聲達清帝所，奪其馬，扶出帝上車，勒去愼刑司。涓呼罵：「吳子無禮，敢辱我君！」取庭甓擊園者，爲出帝紓難。圍者爭毆，涓幾死，併勒去愼刑司，一月乃歸營。

翼宗有詩云：

彼馬僮，何人馬？記姓名，阮文涓。執羈靮，隨至燕。心惟一，路萬千。左右不離，朝夕惟虔。彼敢凌辱，義憤如煎。捍君于難，擲甓奮拳。區區何不顧，精衛欲海填。莫是知有君，不知有身。所謂逐鳥雀之鷹鸇。前有阮揚戈，後有文涓戟。火頭與馬僮，至賤皆至賢。登歌詠，恐失傳。

桑滄偶錄

許端容 校點

桑滄偶錄 出版說明

本書爲筆記小說，既是志人事，又兼志怪異。書分上下二册，由范廷琥及阮案二人合作撰成。各故事撰者，均署名於該則下。

范廷琥（一七六六～一八三二）字松年，又字秉直，號東野樵，時稱鑾老叟，唐安縣丹鑾社（今海興省）人。廷琥博學多才，生於黎末，適逢國內分裂、改朝換代之戰亂期間，遂隱居不仕，專志學問。明命二年（一八二一），阮聖祖北巡召見，命爲行走，未幾請辭。明命七年（一八二七）又命爲翰林院承旨兼國子監祭酒。越年告病還鄉。復召爲侍講學士。著有黎朝會典、邦交典例、景興辛巳册封使館書柬諸集，安南志、烏州錄、哀牢使程、大蠻國地圖、乾坤一覽、慶安丹鑾范家世譜、丹鑾范氏支系世譜、義經測蠡諸書、日用常談及本書等。其資料可參：丹鑾范家一支世譜（A911）、唐安丹鑾范家世譜（A909）及大南列傳正編二集等書。按潘叔直國史遺編載范廷琥卒於明命十三年潤九月二十五日，大南實錄正編第二紀卷八一同，而大南列傳正編二集卷二五則作「明命三十年引病歸，尋卒，年七十餘。」後人多據列傳引錄，造成錯誤，實則此處三十當爲十三之倒文。

阮案（一七七〇～一八一五），字敬甫，號愚湖，北寧省東岸縣榆林社（今河北省慈山縣）人，嘉隆六年（一八〇七）鄉貢中式，任建安先明縣（今海興省）知縣，終於任。其著作有風林鳴籟詩集（七十五首）（A1201），東野學言詩集序及本書。其資料可參榆林阮族合譜（A1008）及大南列傳正編二集等。

滄桑偶錄有成泰丙申（一八九六）年校書樓刊本，及據此刊本轉錄之抄本，法國亞洲學會、遠東學院、河內漢喃研究所等均有收藏。此本扉頁正中署書名，四週加框，左下側記「校書樓藏板」、右上側作「皇朝丙申復月新鐫」。首「皇朝丙申小春之上浣三安亭主人馮翼鵬雛」序，「賜庚辰進士署海安總督杜家川心玉軒重訂」、「灌園幼梅氏吉書」「菊田海農奉檢」。據此序，本書實由杜家川及黎海農刊印。次「成泰丙申冬至後庚辰副榜充辨同文日報事務蔗山喬瑩懋」序，「翰林院編修吳爲林敬書」。書末有「成泰丙申秋仲後學庚辰會副榜光祿寺少卿桐江潘文心」之「題後」。正文半葉八行，行十八字，四週粗單欄，版心雙魚尾，上記書名册次，中記頁次。此書前有上下册總目錄，原無編號，現依次序加入。正文內目亦加編號，以醒眉目，便翻檢。總目文字較文內小目簡化。下册之第十回花郎教一則，有目無文，按馮翼序提及「泰西之起教」即指此。此則於刊刻時抽出，大概是時越南禁耶教，恐有妨礙故也。而喬瑩懋序謂「是錄也，非廬山眞面，魯魚帝虎，間不能無闕焉可也」，則其非范阮原書明矣。今無它本可作參校，只就刊本迻錄。又此本字體俗簡頗多，現則酌量以正體錄出。又書名下卷作「滄桑偶錄」，今亦據標題作「桑滄偶錄」。

（此說明中范廷琥、阮案資料，由謝仲俠先生提供，於此誌謝。）

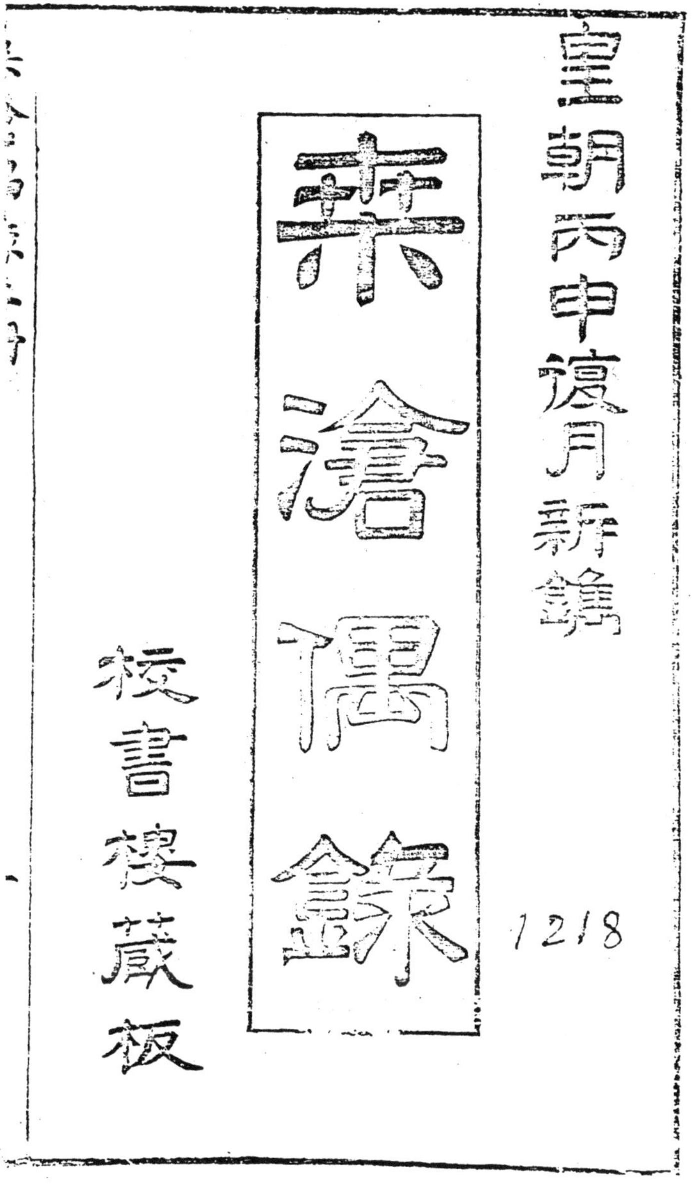
皇朝丙申復月新鐫

萊滄偶錄

校書樓藏板

1218

序

天地一化境也。而有闔闢之分。人物之生
機也。而有古今之異。惟吾邑如元
之氣。而常寓于雅文字之音。其所
謂菜滾。何為而有是務哉。以上螺

滄中人。而吾鄉獨無多人會。輒忘鄙陋。并數言於殘端。庶幾不以棄滄付之斯年矣。歲

皇朝丙申小春之上浣三山學弟王人

馮翼鵬雛謹序

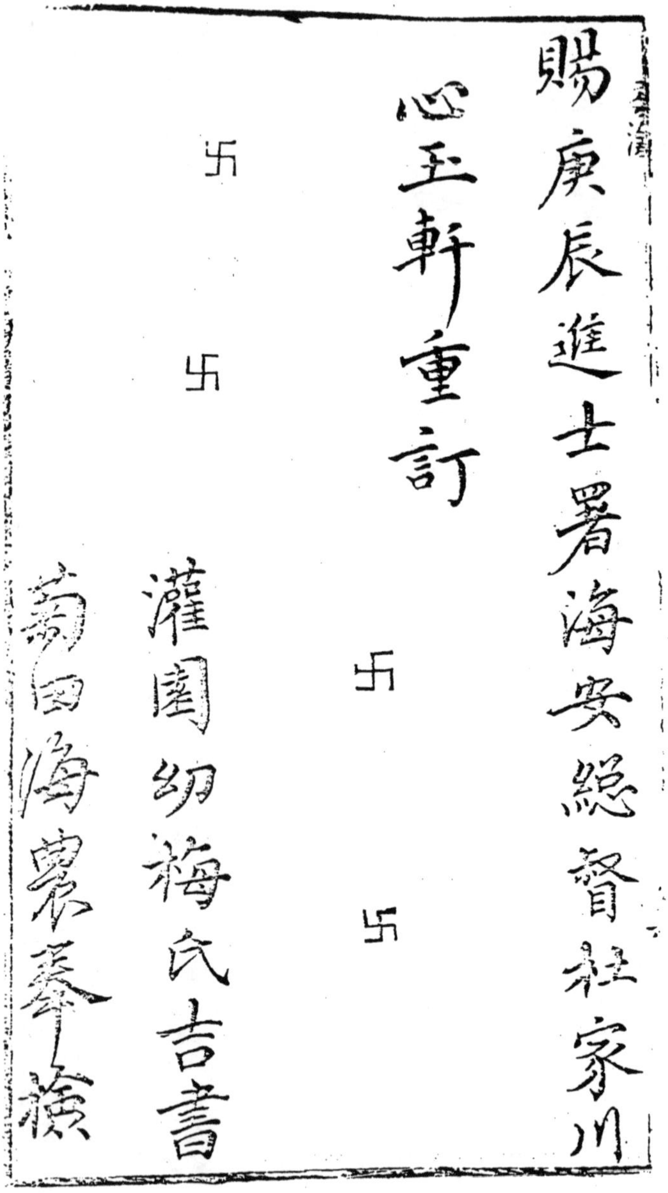

賜庚辰進士署海安總督杜家川

心玉軒重訂

卍卍

灌園幼梅氏吉書

卍卍

菊田海農纂撰

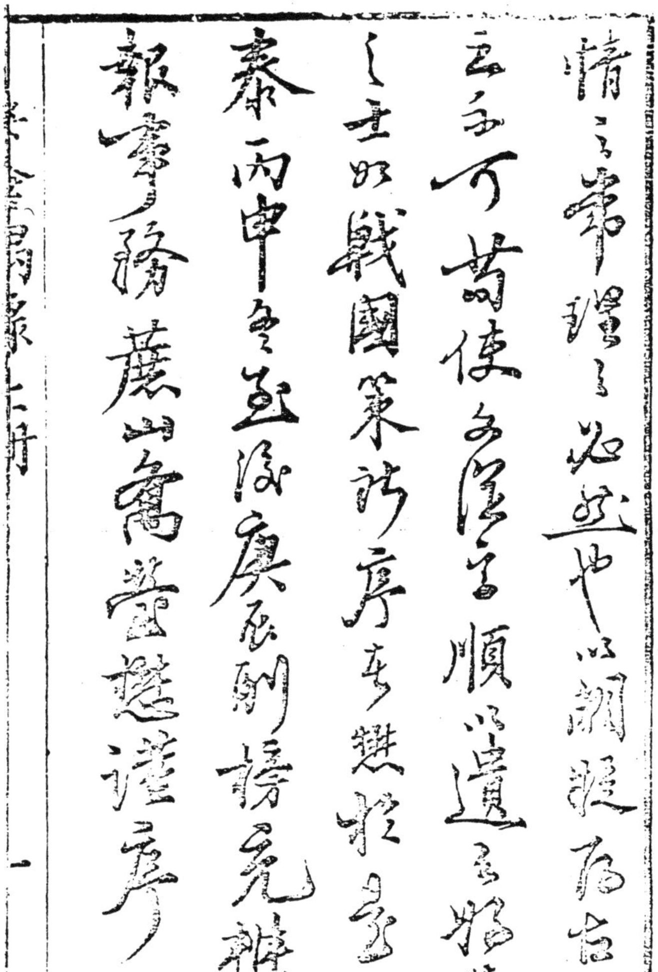

情之常理之必然也以開闢後者之意惟
吾子可苟使多得富順以遺子孫學深思
之士以戰國策評序其雙於子孫亦云感
泰丙申冬至後庚辰劉請先謙同
報事務廬山鶴營撰謹序

全關錄七冊　一

桑滄偶錄上冊目錄

桑滄偶錄上冊

國子監祭酒丹巒徵士東野樵范先生廷琥松年
先明縣知縣榆林舉人愚湖阮先生案敬甫　仝編輯
三安亭馮翼鵬雛羊檢
賜庚辰科進士署海安總督後學家川杜文忠玉軒　校鐫

神宗皇帝
先朝敬宗皇帝在位久。前星未耀。禱于上下神祇。既而皇后鄭氏就館。信宿未分娩。帝憂之。妃告[illegible]

咸豐丙辰秋仲後學庚辰會副榜堯祿

李少卿桐江潘文心拜題

滄桑偶錄卷卅二下終

序

天地一化境也，而有闔闢之分；人物一生機也，而有古今之異。惟吾道如一元之氣，而常寄於文字之間。夫所謂桑滄，何爲而有是錄哉？山上螺蚌，天運之桑滄也；田中古劍，人事之桑滄也。古經不可復見，而所見者，秦人未灰之書；信史不可復得，而所得者班馬已成之稿，經籍之桑滄也。然有人以唱明之，則亦有不桑滄者存焉。我南自鴻貉以來，正而丁李陳黎，僭而莫胡岳惠，使君之割據，都護之專司，其爲桑滄也，不既多乎。

嗚呼！吾道固無桑滄之期，而吾人卽有桑滄之慨，此桑滄之所以有錄也。松年者，國子祭酒東野樵徵君范公也；敬甫者，先明縣尹愚湖阮公也。二公生於黎末，所遇者滄海之變，而學海之清自若也，故其見於文也。松年之佛跡山記，敬甫之仙跡山記，記中有畫，可與晉淵明桃花源記相傳。其間叙黎朝聖尊、神尊、顯尊三君令辟也，而及於王府故事之詳；陳朝朱文公、張漢超、范五老諸公名臣也，而及於郡馬鄧璘之橫。村邑廟祠之記，則備記夫純陽祖師，錯認爲柳杏公主。野寺之古廟，城南之磨崖，眞武觀之靈神，靈郎祠之顯聖。人家祖墳之地，則備記夫陶侃母墓，而證以伏波妾墳。左泐之地師，雲恬之發跡，譚家之節婦，桂塢之武臣，雖歷代之名公，與女中之才烈，無不入于品評。眞人之從僊，與農夫之見鬼，且不嫌其怪誕；甚至木植之飛奸，泰西之起敎，食人化虎之奇，歷歷備載。自李陳黎鄭以來，上下數百載，間有國史所未詳，稗官所未載，二公皆於桑滄眼界收之。使二公者一以桑滄忘之，幾何不爲火上之灰，醬中之覆。幸以桑滄錄之，而猶爲迷津渡筏，暗室傳燈，謂之桑滄偶錄，意可知矣。

今家川翁之旣遇也，而刻意於購書；海農子之未遇也，而程工於剞劂，與我皆桑滄中人，而意趣偶與之合，輒忘鄙陋，弁數言於紙端，庶幾不以桑滄付之，斯幸矣。歲皇朝丙申小春之上浣三安亭主人馮翼鵬雛謹序。

賜庚辰進士署海安總督杜家川心玉軒重訂。

灌園幼梅氏吉書
菊田海農奉檢

桑滄偶錄 序

事莫大於存古，學莫要於闕疑，眞知言也哉。我南千百年文獻之舊，史氏代作，然黎以前，大率簡略，考古者往往致慨，稗官野乘安可沒乎。懋自幼侍家嚴帳下，嘗略舉我邦先名賢，如大都阮卿貢之刻志課績，蒙阜江探花之奉使不辱，程舍武狀元之投印殉國，及其他者，不一而足。蓋亦從正史外的實事以語之。童子何知，唯而已。既而宦遊四方，曾于友人見桑滄錄，稽所輯者，曰松年、曰敬甫，然未知爲何許人也。惟所錄與懋所聞者多有合，其爲信筆，固無疑矣。今年，懋在同文館，旣以古都公事入報，故人黎君海農，携眎是錄，曰：「吾鄉名賢手輯也，子年家海陽督部杜家川，捐俸付梓，子其序之。」質之，別松年者，先祭酒丹鑾范公如琥也，敬甫者，國朝第一科鄉舉楡林阮公案也。二公生於黎景興年間，迨我朝龍興，始應命出，其間西北爭逐，江山改觀，蒼生變態，瞬息萬狀，所謂桑滄者，可勝道哉。是錄也，非廬山眞面，魯魚帝虎，間不能無闕焉可也。就中見聞所及，筆輒隨之，足以補史乘所不及者。事有怪誕，大抵從左史脫換來。且以寓其微意焉。其始之以敬尊、神尊；終則以聖尊淳皇夢結之。事屬內典，君子不道，二公蓋已言之矣，乃於此津津然樂道之，且直筆之，爲不疑者，其寄託固有在也。夫非所謂「三代之英，未之逮也，而有志焉」者歟！以今風氣日開，愈出愈寄，滄海之外，石級砥平，鐵路碁布，花圃晶樓，電光燈影，桑田云乎哉！又且挾機羽以騰空，乘氣球以尋北極，數十年後，噩噩渾渾之迹，不斷從泯棼中，迅掃一空乎。然而雕極而思樸，觚破而思圓，情之常，理之必然也。以闕疑存古之意，推之亦可，茍使文從字順，以遺之好學深思之士，如戰國策所序者，懋於是錄亦云。成泰丙申冬至後庚辰副榜充辦同文日報事務蔗山喬瑩懋謹序。

翰林院編修吳爲林敬書。

桑滄偶錄 上册

國子監祭酒丹鑾徵士東野樵范先生廷琥松年
先明縣知縣榆林舉人愚湖阮先生案敬甫　仝編輯
三安亭馮翼鵬雛奉檢
賜庚辰科進士署海安總督後學家川杜文心玉軒　校鐫

【一】神尊皇帝

先朝敬尊皇帝在位久，前星未耀，禱于上下神祇。既而皇后鄭氏就館，信宿未分娩。帝憂之，星初稀，屢肆間杳無行人。見屠肆肉几下，老丐者臥焉，髮皤皤，年可八十一二，席地呻吟，奄然待斃。中貴馳奏，帝復命問之。翌日，丐者逝，傳宮門皇子已誕矣。及長嗣歷，是爲神宗。在位時，以誕日爲壽陽節，有司構行宮（千在）報天市，禮部具法駕鹵簿，即行在，舉竹製千歲萬歲二樹。回宮，經筵官捧樹環御寢三周，祝皇帝萬萬歲。禮訖，御萬壽殿受朝賜宴于殿庭，累朝因之，爲慶壽保神禮。帝生四子，眞宗、玄宗、嘉宗、熙宗，皆踐天子位，福壽爲中興最。

（娩音免，產子也）忽夢人語帝：「皇子尚在報天市，後宮焉得早娩。」夢覺，命中貴物色之。時晨

永祐間，懿宗皇帝嘗命製木鶴及占城力士供養佛跡山天福寺李神宗御容，相傳李神宗後身爲先朝神宗皇帝故也。按前身後身之說，出自內典，君子所不道，脫有之。李神宗前身，爲徐禪師

道行，後身爲報天市老人，又後身爲先朝神宗皇帝，一僧一丐，再生帝王家，令人殊不可解。

【二】顯尊皇帝

景興乙巳，顯尊皇帝七十壽，廷臣裴公輝璧、胡公仕棟在政府，議上尊號爲淵懿欽恭仁慈德壽皇帝，以聖壽節行禮，辰朝參廢弛，濃山故址，廢爲敬天殿，奉昊天上帝后土地祇，以太祖皇帝侑，朔望就勤政視朝，左右待漏院相繼傾圮，墀中草沒莽膝，馬屎狼藉，至是命提領董術士剗舟墀，修待漏院。前一日，奉天府尹黃公永珍率屬官朝服宿司禮監視表函。至日皇上升座，兩班以次就列，皇第四子大司徒崇讓公首武班，胡公次之，國老郡公，阮公沆首文班，裴公次之，鴻臚寺率閤門序班，分內外賛賛禮。潘公輝益跪御殿右宣表，聲徹端門，禮成。輔佐中貴紅袍犀帶，自御座右，降階宣旨，賜宴于待漏院，都人父老咸曰：「正和以後，八十年不見此禮矣。」表文（見皇越文選。）首聯云：「斂座天開，龜疇薦壽康之福；彤庭日麗，虎拜揚保定之休。」中聯有云：「千春歷始登四紀，萬年籌初逮七旬。」餘不備載。

【三】王府故事

敬甫（甫出用部，我也。又男子美稱。）

鼎革後，有一鐺傭于余，靖王辰內侍也，言宮府故事甚詳。每歲中秋節前數月，王出內錦，送屬宮製造燈籠千百，精巧極人工，一燈約金數十兩。至日，王命駕遊北宮。宮有池曰：「龍池」，廣半里，多芙蕖、菱芡，池邊累土疊石爲山，呀然窿然，向背有勢。右拗處坐歌吹者，堤畔木芙蓉植之數百本，懸燈其上，月波蕩漾，遙望如星光萬點。內侍三品以上，巾幗爲婦人服，列肆于道周。南北雜貨，以至殽核酒炙，無不備，堆如山積。宮人往來市易者，恣情攫買，不問其直，（值）競以里巷語相高，嘻笑之聲，徹于內外。夜半王即御輦登舟，侍臣妃妾叩板作滄浪之聲，倏忽往來，隨波而泛。忽而絲者彈，竹者吹，歌者和，洞中餘音嫋嫋然，若遊廣寒而奏鈞天。王顧而樂之，雞鳴而返。

【四】阮公維時

尚書阮公維時，中興名相，以直道自守，善回人主意。王府一輿，剞甚華，公一日立其側，忽噤倒輿中，王命舁就其府。翌日啟曰：「臣昨中惡，蒙主上曲賜涵容，此輿一經病體，不堪進奉，謹揀寶飾繳納。」王悟其意，不之責。嘗謁告歸安朗，辰王寵妃蒙阜人特承恩眷，勢頗張，公屢諷之。王幸公在告，駕龍舟經埋山西，便道之妃里。舟次安朗，公候拜江津，啟：「西方無警，以一女子故動六師，如國體何？」亟戒衞士毋進舟，違者按軍法。王為之回鑾。

公府思政堂，退朝所憩也。二童侍，夫人妾媵不得入，無敢干以私者。一大獄罪殊死四，上下行貨，權門近戚，袖手莫能為計，其婦邀二童，為泣拜之，祈以金二千達公。童揮曰：「相公非可以金動，顧吾不忍子之戚，姑試焉。」袖金入思政堂，推公臥榻側。夜向深，公忽自政府歸，就榻，蹴，金墜地，鏗鏗然。驚問童：「焉得有此物？」童跪請死，道所以。公默然久曰：「起，不汝罪也。死獄大故，二千金厚利，爾童子顧以死任之，或者天意乎！婦啖爾幾何？」曰：「六百兩。」曰：「所啖以賜爾，我無用金也」。命駕叩閤門。王驚起，延問，以為軍國大事。公對：「昨按大獄罪殊死，夜來得夢，有語以沉冤無告者，謹候上裁。」王笑曰：「先生過勞苦，蓋俟早參。」曰：「遲俄頃涉私矣。」王慰勉之，囚遂得不死。

【五】 劍湖

黎景興丙午夏，劍湖夜半有物從島起，光芒四散，飛南岸而滅，波濤洶湧，翌日魚蝦浮水上，不可勝數。有云：「王府中和堂有物從屋脊起，光散而滅，亦如之。」未幾國變。

【六】 阮公文階

天祿阮公文階掌六部辰，貴近皆屏息不敢犯。一王府郡馬戰敗走，公繫之獄論死。王欲宥之，難於言諷，因列諭旨，終不能奪。辰公多內寵，如夫人者五六人，其三所嬖也。郡主賚以寶玉，因傳母求見，以郡馬事告。三夫人却曰：「相公廉介，朝廷大議，妾不敢預也。」固哀之。徐曰：「來早具蒸豚、香黍，醬醢，刀俎副之，闞公之無也以獻。」郡主喜而謝。詰旦將朝，命早膳。三夫人曰：「朝既盈矣，盍歸而食乎？」公升輿去。朝回，腹餒甚，見食盒啟之，拔刀切肉於俎，摶飯併啗之，須臾盡。悟而問曰：「焉得有此物？」夫人道所以。公大恚，良久曰：「吾過矣，吾過矣，以一飽活人之死，不亦天乎？」即促駕入謁，請釋之。王喜，如所請。

一日趨朝，過東門市，見鰣魚大盈尺，公問而羨之。已而歸，獻者塡門，皆鰣魚片也。戲命屬之，闕尾，餘悉備。索諸鮑肆，則太官買而薦矣。公嘆曰：「吾子孫其不昌乎？」歿後如其言。

同縣拔擢楊公致、澤公館甥也，亞相。公患其專，嘗宴集，優者衣冠而舞。楊公戲之曰：「爾何能乃了得許多事？」公默然不之較。後國老范公著秉政，一藩酋犯法當死，其婦貨於公之宰夫，使以黃雀獻。曰：「公所嗜也。」宰夫炙而薦，公食之。以問，出金，伏地請罪。公探其喉而吐之，曰：「汝以金去，我不之責也。」獄臨決，謁諸王請貸其死，王從之，事亦相類。噫！二公皆中興名相，一以蒸豚，一以炙雀，嗜好可不謹哉！

松年

【七】如京農夫

己酉歲，兵火甫息，疫氣大作，人多白晝見鬼，呻吟之聲與哭聲相間。余友瑰池寧君貴弘爲余言：如京一農夫出郊採薪，見大軍進發，因弛担屏立道左。前茅一卒赤幘（俗號鷄冠巾）而執劍，其故人也。見農夫驚喜，脫帽戴之，攜入肆，恣啖酒炙，肆主不之問也。時飢饉相繼，農夫得果饞腹，放情暢飲。未幾中軍至，輿馬鱗次，進行甚急，卒起，奪幘去。農夫在坐，肆主與坐客驚執之，以爲厲鬼。農夫道所見，攜肆主就路傍荷擔處，束薪猶在云。遂釋之去。

【八】安謨農夫

寧君又言：是歲安謨一小邑，有農夫窮迫，乞食於墦間，夜偕其同輩一人，臥于官路旁空舍。夜向深，饑火作，轉輾不能寐。時月色模糊，見途中軍馬，魚貫而進。相顧大驚，因匿于牀下，仰緣牀梁，屏息不敢動。約半更許，金鼓旌旗，先後環擁，一七桿轎停於館前，鳴金少憩，傳呼某邑社令，班聲雷動。未幾有幞頭補服者，跪於轎前，贊云：「某邑社令謁。」農夫從床下遙認，與其邑之神像無異也。轎中宣問兵籍完否？社令稽首曰：「下邑邑小民窮，今兵火之後，流散未復，無以應命。」轎中厲聲曰：「我奉命點兵，令下久，故爲飾辭，合按行軍法。」轎旁朝服數員跪請曰：「此神明直，簡在帝庭，尙祈寬宥。」因肘社令進兵籍。社令不得已，開邑丁二名，其一館中農夫也，皆窮而無仰者。轎中命從官准籍，鼓行而前，村鷄已報曉矣。農夫汗出沾背，與其同輩蹣跚而歸，然亦以早離苦海自慰。語其邑人，求一醉飽而死。邑人許之。後以病歿。其一名在籍者亦然。

【九】同春鬼

敬甫

慈烏陳君文煒赴禮闈時，舍同春坊內臣寶郡故宅，余外祖僉憲清溪公所寓也。宅之閣多怪，或睹物大如斗，色甚赤，光焰四散，須臾而滅；或聞嘯于梁，燭之無所見。君弗之信，移榻寢其上，曰：「有怪吾自當之。」晝夜誦讀不輟。倦而假寐，見一女頎而麗，扣君之榻曰：「黎國將亡，君亦不第，毋讀書嚇我也。」吟曰：「沙場隱隱見漁村。」君覺而記之，遽撤其寢，是科下第，未幾國變。

【一〇】阮公沆

尙書阮公沆，安王時名相。二十一舉進士第，督安邦鎭，地瀕海背山，先朝洪順御製詩勒石有「臣浸汪洋朝百川」之句。公錄示諸同年，誤巨爲匝。或嘲之，公辭職歸，就學朝廷典故，律令圖籍，數年業成。曰：「可矣！」乃就職。立朝遇事輒諫，辭多切直，王常爲之睿威。奉使時，謝啟云：「批觸龍鱗，屢見雷霆之開睿。」此其實也。

清康熙五十七年歲貢，部兵部左侍郎充正使。國初太祖皇帝與明人戰於馬鞍山，斬其將安遠侯柳昇，及納款，明人責償，鑄金人代之。莫氏篡，明使仇鸞、毛伯溫來討，莫懼，以金人賂，請平。中興初，明以擅殺貢臣莫茂洽爲問，復以金人謝，累朝因爲常貢。公請罷之。部院以故事問，公曰：「今國王守先業，職貢無闕，輸誠納款故事，使臣非敢聞也。」以柳昇詰之。公曰：「柳昇、明將也，皇清奄有萬國而區區責賂，報前人之仇，何以勸來者？」貢例洗珠水，螺城所出也。公罷之，汲波山井以行。試不驗。詰之。公曰：「氣久則變。」兩貢遂停，自公始使回。與青梅黎英俊並相，慨然以天下自任，研精殫思，制作惟明，百餘年臺閣規模，皆公所定也。以中興來章服未正，奉使時，訪求明制以歸。及相，定品服，大朝幞頭補服，紅爲上，青玄次之。燕服、文涼巾、武燕尾巾、青吉衣羅後，其次結褶丁字布，軍服禪笠窄袖衣，至今用之。喜獎勵士節，太學諸生得與卿大夫抗禮，倣北朝制藝，命信臣肆之。欲變文體試士，不果。以國家經費不給，減諸功臣田祿，多怨之。王欲命開府如中興初阮惟時故事，有沮之，乃止。

威王爲世子時，安王使公傅之，公密啟世子懦，弗堪負荷。王曰：「孤非不知，顧掌柄久無大過，未忍也。」公頓首曰：「知子莫若父，願爲社稷計。」王袖其啟匣之。會大禮，世子失儀，王怒，召庭臣欲黜之。議未定，駕幸古碑道薨。時公居守，淇園妃秘不喪，至京始凶訃，集百官于都堂。曰：「世子獲罪於先王，有成言矣，盍議其次。」皆默然。蘭溪阮公儆世子師也，抗言曰：「世子無過失，先王之命勗❶之也，何可輕議？」世子襲位，得公啓，憾之，罷其相，宣光安置。尋遣中使酖之。

初安王以「地鉗七世羊墻」之句，營古碑厭之，嘗謂公曰：「九龍貴地，先生盍遷之？毋滋他族。」公遂以此得謗。北使時，過應山城以詩輓楊邃庵忠烈公曰：「暗主休論崇愛豎，皇天何忍毒忠臣。」蓋詩讖云。（按：忠烈公，五代祖我國人，隨明師北，世居應城。忠烈公名璉，明朝登進士第，官至左都御史，以劾魏忠賢遇害，追封立祠，舊宅猶存。公北使時，其子孫嘗以遺疏見示。）

世傳有日者謁，公使占之。書曰：「十二月花殘。」因勸以急流勇退，公默然，未幾禍作。日者姓氏失考，嘗往來公卿間，言多驗。龍德末，顯宗以嗣子不得立，逸于佛跡寺鐘閣，遇日者訊之，書一「景」字。起拜曰：「日照京師，天子象也。」既而懿宗遜位，顯宗立，紀號景興。

一說公爲相時，有一朝士病且死，其門人禱于傘圓祠，夢神曰：「南斗注生，非我職也。」其人固哀乞之。神曰：「阮相公沆異人也，盍籲之？」覺而歸，謁公，告之故。公判延壽一紀，後竟如其言。

【校勘記】

❶ 昜原作，「最註」，字旁註「一作昜」。

【一一】阮公伯暘

松年

阮公伯暘，神溪阮舍人，落拓喜酒，家綦貧，處之泊如。遊學京中，一衣外無長物。嘗賒黃梅婦酒錢九百，婦邀于途褫之。同行一女，婦之邑人也，弛擔勸不聽，女憤出腰纏代還之，徑荷擔去。公追謝之，叩姓氏，女揮手曰：「君書生，以杯斝故，辱于沽婦，誠不忍也，非望報也。」去不顧。公返，叩諸婦，心識之。負笈之山西，館一村豪，呫嗶暇，操筆爲時文，紙不數得，輒書之于几，硃墨相間，木色黝黝然。歲小比，辭館主歸，歷縣校至方伯，名大噪。領卿薦，連捷南宮，同吳公時仕榜。諸同年騶從紛沓，公猶枵然旅邸。同郡夫人、郡主保母聞公捷，輿迎之，約婚姻，出子侄數十輩，羅綺奪目，唯公指。公以黃梅女爲請。郡夫人曰：「無傷也。」命輿馬金幣，介賒酒婦迎歸，以爲郡夫人，姪副之，都人艷之。登朝有直聲。司愛州，梟州按鎭某，倚正宮鄧妃，驕蹇不法。公械之，亟索賄，否則斃杖下。某退，入金四百兩，公下之獄，趣駕友京，以賄進啟入。鄧妃以某被辱事泣訴王。王笑曰：「金具在，毋庸訴也。」妃慚而退，某竟得罪，愛州人至今稱述之。

世傳公未第時，遊學京中，遇延輿炳忠公扶鳩杖立第門。偶問之，指壁間松石爲題。公揮筆一絕云：

石上青松百尺長，飛花滿洞水生香。叮嚀樵子休輕伐，留取他年作棟梁。

忠公器之，贈錢五緡。景興季年，題壁猶存。

【一二】郡馬鄧璘

敬甫

郡馬鄧璘，靖王宣妃母弟，驕蹇數犯法。奸一婦，割其乳。夫訴之官，繫御史臺獄，以妃故得釋。王以二郡主妻璘，資送粧奩，比前朝十倍。建第昇龍城西南，供帳服御如王者。璘益橫，家僮百餘，冠服劍履，往來市上，使酒傷人，京尹不能制。每出獵，犬數十群從之，懸金鈴，衣文繡，前後呵擁，塡塞衢巷。嘗以奴殺中貴史壽侯，植刃于門，捕者不敢入。署府郡馬黃秉謙至，叱之，璘慴不敢動。械以歸，獄具，廷臣不能決。請於妃，流安廣。璘因服受命，騶道出國門，有司具舟于洱河之流所，姬妾從，肅管之聲不絕，閹臣構第居之。妃子恭國公廢，監者寘之獄，絕粒死。

【一三】成道子

松年

成道子，山西人，少年領鄉薦。厭舉子業，走江湖。遇范眞人員從之，名山大川，足跡殆徧。一日，與同輩二人，隨眞人入海。洪濤怒浪中，修道一綫屈曲如羊腸。過一山，樹木蓊蔚，桃實大如斗，眞人傾壺小憩，人賜桃數枝，戒毋懷核，從者諾。酒闌，眞人行。成道子後，幸眞人弗覺，寘之懷。紆回半日不得路，意懷中核，故探投之，出山道。眞人在前途，酌酒笑曰：「來何遲？」出秘錄受之，携從者飄然去。成道返，放浪山水間。嘗偕其徒出途中，扣一門，問主人近狀。閽者顰曰：「主人得心疾，符籙費不貲矣，先生能療乎？」曰：「能。」閽者喜，語主婦延入，治具，戒家僮備法壇。成道子止之曰：「焉用此！屋脊一鬼，操矛刺病人心，懸蟾蜍嚇之，當自退。」如其言，病愈。厚酬之，辭不受。

登收精山，秉燭入山谷。燭中絕，冥然失去路。谷中石髓如泥，嚥之味香美，得不餒。久之，見一輿，騶從甚盛，近之，故舍生也。驚曰：「人鬼關頭，兄何得至此？」解衣衣之，覺眼界漸明，隨所指出谷。及返，家人哀服將練矣。與吾邑耆宿武君有故，酒間常思之，後不知所終。

【一四】黎公時憲

敬甫

太尉黎公時憲，雷陽富豪人。落魄不偶，遊于京，與昭文館生行五善。行五伶官子，錮不得應選。家甚貧，公嘗竊諸人而予之。問所從來，笑不答。一日，告公曰：「吾聞廣順地險而民附，其君能下人，此霸王之資也，以說投之，上可爲桓、文，下亦不失鼎足之勢，君意何如？」公徐曰：「我志異乎是，然不兄阻也。」請其期，曰：「明日俟于黃梅驛。」公如約，過橫亭銀鋪，袖其二奔去。行甚疾，追者不及。屆黃梅，五郎夫婦已在矣，資斧蕭然，纔米數斤而已。公出金贈之。五郎握手訣曰：「此行萬里，得不死亡，君之惠也，僕敢不銘心！他日遇于封疆，成君之志，所以報也。」旬餘，越驩界，抵靈江北岸。津吏呵問甚嚴，船不得渡，截竹拒之，亂流而濟，達南岸。上，爲成者所獲，拘而獻諸其主。與語大悅，釋之，以爲將。盡戰守之計，築壘于洞海，延袤百餘里，迂曲如長虹，橫截南北。起烽火臺，鑿砲門，有警砲火俱發，達其都。明靈、日麗諸海門，植木繫鐵鎖，拒舟艦，隨便布置，完固聯絡。悉其師渡江以北，降城殺將，不可勝計。朝廷旰食，多方以禦之，雖少殺其奔突，而疆境未盡復。

時公以應募，常在兵間，屢著功績。尋以節督驩閫諸軍事。五郎聞之，曰：「北方將黎君矣，吾其避之。」斂兵而退，致書歸所侵地，請稱南藩。公上于朝，許之。南北弭兵，驩、演之人，得以全其生。在鎮十餘年，境內無事。進太尉豪國公，卒贈王爵。驩民思之，立廟以祀，今存。

耳孫時燮同〔進〕士出身，官右校點。與余有故，曾以公遺事語余。一說五郎渡江時，傭於人，爲之牧。一日，牽牛過相國之門，堂上書聲琅琅然，繫之外以入。相國儒服坐，與諸生讀書，五郎叉手階下立，睨視者久之。相國異而問曰：「知書乎？」曰：「適聞君子儒、小人儒之說，誠愛聽之。」相國曰：「何謂君子信、小人信？」曰：「信則未之聞，吾牧也，請以牧喻。夫牧有君子之牧，有小人之牧。何以謂之小人？樵採於郊坰者皆是也；君子則不然，懷才抱氣，鬱鬱不得展，於是乎託而逃焉。甯戚之叩角，百里奚之飯牛是也。」相國奇其語，走下堂以迎，五郎揮手而去。物色之，得於其傭之家，使召之。辭曰：「昔齊景公田，招虞人以旌而不往者，非其禮也，相國不以僕不肖，而辱於非禮之招乎？貧賤焉，不願往。」召者返，相國薰沐齋戒，遣使奉書幣以聘。五郎乃起，衣短褐，科頭跣足而行。請更衣，卻曰：「吾故傭也，何可易其素？」既至，相國東向師事之，薦於其主，築壇而拜之將。

二說未知孰是，姑並存焉。

【一五】杜公世佳、黃公五福

敬甫

杜公、黃公未遇時，與一宦者爲友。威王疾，群小亂政，四方盜賊蜂起，宦者慨然曰：「吾徵之天時人事，鄭氏將亡，盍擁一皇子，往山中倡義兵，如高皇故事，大業可成矣。」二公曰：「不然，鄭有大功，天命之矣，或者其再興乎？且物色焉，無之未晚也。」宦者勃然奮袂去。頃之杜公出，過亮國府，威王母弟四子，方于門與小內侍輩數人，地坐鬭鷄爲戲。公見之驚，歸語黃公曰：「眞吾主也。」齎牛酒介閽者以謁，王弟器之。未幾，威王遜，弟立，是爲明王，以潛邸故，推誠委任，杜公主內事，黃公主外事，群盜草薙而禽獮之殆盡。

宦者去，以皇孫維祝、維秘行，襲鎭寧據之奉爲主。宦者稱銘郡公，完城堡，繕甲兵，三十餘年，邊兵不釋甲。王每以西事問，二公輒對曰：「彼謀主在，未可網也。」維祝卒，維祕嗣，銘郡死。黃公請于朝曰：「銘亡，鎭寧破竹下矣。」王乃興師，命驩督裴公世達統三道，官兵進討。維禨自焚死，鎭寧悉平。

【一六】仙跡寺

敬甫

城南仙跡寺，靖王時重修，都人輦材木，供錘築，奔走于道路，數年而成。制宏廠，重門疊屋，庭列方石八座，高二尺許，置蘭盆，清風徐來，香氣蓊勃。寺背通衢，前臨清渠。塔在其右，高九層，四角懸鈴，飭以金碧。由西而南達于寺，輦道回折，砌石爲之。渠縈紆彎抱注於湖，湖深廣，水至清。夏日荷花盛開，香聞數里。沿湖堤入渠，樹石相間。寺前左，渠水通湖處有橋，下容舟往來，上蓋穹屋架麗梁，刻龍鱗于板。橋邊數十步，渠之南湖之北，建離宮爲行幸之所。北菴蘿栢松六七本，影濃鬱，日光不漏，地臥石牛鹿各二，觝角相向，制精緻活動，占城國故物，黃公征南時所獲也。隔湖喬岳，阮侯侃內第。侯王布衣交，常便服出入禁中。王詣寺時，每臨幸焉，御書「心腹和衷」字以賜。住持太長郡主女，王之表妹也。王以暇命駕遊寺，攜妃嬪內侍泛舟于湖，唱採蓮之曲，上下波光樹影間，若耶武陵之遊不是過也。

乙巳歲，寺門監卒，夜聞擊戛，呢呢然似哭聲，甚哀。淨(靜)聽之，聲在湖畔，止而復作，詰旦視其處，牛淚眼猶濕，地草皆糜滅狼藉，如抵觸狀。驚而聞于朝，命工併鹿碎之，投于爐。寺今廢，斷烟荒草，搖漾秋風，欲求其剩瓦殘磚，而不可得。盛衰之際，可勝道哉。

【一七】烈婦段夫人

敬甫

烈婦段夫人，攸嶺侯爪牙吳君福攸次室。侯，將家子，景興時管前鋒隊，丙午六月死於戰，侯嫡夫人出家。段美而無子，遇之如夫人。侯及難，言笑如平時，家人異之。未幾以家事屬侯子，醮于扶董建初寺，寺，嫡夫人住持之所。醮畢，偕嫡夫人，率侯子爲位於翠靄津，侯死綏地也，向南招魂以祭。觀者悉集，段夫人麗服靚粧，乘小舟赴中流死。居民廟祀之。訓導安仁何策顯詠詩云：

可憐二百餘年國，天理民彝一婦人。

人多傳誦焉。

【一八】京城傭

松年

京城一傭，嘗爲范眞人員服役，每訴貧苦求濟。眞人默然，徐命申右掌，暗訣書之，戒：「窮迫時，撒手注錢，可得三十六文，汝福薄，毋過取。」傭如其言，一日連注之，至五緡止，試之不復驗。

【一九】黎公英俊

松年

黎公英俊秉政時，夫人從青梅詣京，經得所，宿李將軍伏蠻祠側。夢中聞騶道呵殿聲，傳語：「李將軍夫人謁。」坐定，李夫人曰：「夫人於妾有故，竊有請，何如？」曰：「惟命。」曰：

「爲妾語相公，故宅頹矣，幸留意。」請其故，曰：「前朝黎公英武、今朝黎公英俊，吾將軍後身也，夫人忘乎？」諾而覺，馳語公，出俸金葺，廟宇今存。

【二〇】裴公世榮　松年

裴公世榮，余七世外祖，舉延成間進士，官至寺卿。莫失馭，家居，與段松杜公汪、汝舍汝公琮，被先朝召命，公以小刀斫膝下，稱疾不起。時常國夫人自縊殉節，人並題之。有「東輪刀、夫人繩」之諺。景興中，修登科錄，概未效順，蓋史館失考云。

附俗諺國音

世事如許悲愴，幾多寬容，嗟此等奸臣賊子，奈何彼東輪堅貞之刀！奈何彼夫人節義之繩❶！

【校勘記】

❶原為喃文云：「類之眉尚通尚汝仍餘從賊子奸臣市刀蘿竹東輪市繩節義夫人箕羅」，今譯為漢文。

【二一】阮公完　松年

阮公完，先豐古都人，尚書公伯璘父。文名噪一時，與人款曲，顧文字間無少讓，其天性然也。同縣黎公英俊，少於公，爲忘年交。縣校士，黎公冠，公式之，與之較，不屈。黎公登仕版，公不與通。尚書公早悟舉業，上下公，公屢與角。尚書公固避，痛扑之，命舟中流較藝，劣者投諸江。文成少劣，自沉。尚書公泣援之。嘗謁阮相公沅，及門斥其名。閽者以告，相公倒履迎之。要賦劉、阮入天台，席上成六篇，傳于世。

遊京時，友范眞人員。一日叩窮達，曰：「君恨不焦尾，子當大成。」遂棄人事，從眞人求久視術。入美良山，途中糧匱。過一邨，邨翁肅客入，蒸三歲兒款之。公不能下箸。眞人笑，命進山餚。未幾至眞人別業，山僮進腐鼠下酒，臭氣逼人，公掩袂不敢視。眞人曰：「君俗緣，無須俟之」兩塵送之返。

尚書公領會元，雙親具慶。同年集古都賀。公野服見客，笑曰：「伯璘魁，天下無人矣。」黎公英俊相，尚書公以公事得譴，計非公莫能解，請之。公不答。合族泣懇之。爲一首肯。徒步至相第，涉湖入，泥足據公廳上坐，問「相公在否？」黎公冠帶出，肅之曰：「以癡兒故溷故人一諾千金矣，毋多及。」黎公諾，公亟起，留一敘；不顧。

年尊學益邃，聞靑池一生，監課累首，爲跡❶之。夜分入其邑，路迂涉水，叩生門曰：「我阮公完，能文與我角。」生倉卒出，卑辭不敢抗。不聽，請俟監課，乃返。連魁監榜復西。晚年作玄光行，夢禪師曰：「碧姬事得公發之，聞諸上帝，增一紀矣。」以壽終。

【校勘記】

❶「跡」字旁註「一作惜」。

【二二】黎公有喬

松年

黎公少不羈，遊探花武公晠門，探花公器之。嘗從范眞人員交，探公課題：「歸楚，楚人不信，歸漢，漢人震懼，足下將焉歸也？」眞人戲屬之，託公求正。探花公驚曰：「神仙中人也。」命邀之，辭不見。公尾之數月，眞人勸之歸。旣登第，守正不阿，尤惡釋氏學。北使過一寺，回廊間，作一尊金牌黎有喬菩薩，公頓悟，游心內典。及罷相，開選佛場，講座下嘗數百人，多爲禪林名宿。明王、靖王賜號和尙，皆其徒云。

【一一三】 阮公仲儻

松年

阮公仲瑺，靑漳忠勤人，撫於外大父，少能文。成童就外傳，夜見一美人携茗菓就公談笑款洽，數年不及亂。辭歸，執手問再會，曰：「洞庭芙蓉驛相見。」十六舉於鄉，將赴禮部，大父課諸生，叢中一少年，未午繳卷去。大父閱之，曰：「當是范眞人員戲我。」公投筆躡之，及於郊，從之遊。眞人如龍虎山，居鎭南開，跪請敎。曰：「吐納非子事，前程遠大，毋庸贅。」授公太乙數，約洞庭還我。

公登第，敭歷中外，漠然宦情。奉北使，以家事囑其子，厚齎往。過洞庭芙蓉驛，夾道二廟，其一漸荒圮，詢之居人。曰：「神諱阮仲瑺，香煙冷數十年矣。」其一夫人祠，恍然悟，出所齎，托邑人重新。覲還，泛舟洞庭，檢祕笈投之，滾然入水沒。夜泊芙蓉驛，美人來。翌日歿於舟次，介以喪回。

【一一四】 遊佛跡山記

松年

歲丙辰三月十二日，偕阮子堯明、陳子問之、阮子桂岩、黃子希杜遊佛跡山。卯刻發都門，午過金匙路側寺鐘樓，瞰佛跡，登樓西望，山色蒼又然；涉得所江，抵瑞圭，寓國威阮夫人祠。夫人明王太妃妹，出家修天福諸寺，土人祀之。祠枕山，山界天福、瑞圭二邑，史稱石室山，俗柴山。李時徐道行證道處。山左御龍峰，巍然夭矯，龍池抱之，倚峰一岡。天福寺正殿，殿臨水，禪師所建，一間二厦，制甚古，中奉佛，左禪師眞身，右李神宗御容，御容前仙鶴及占城力士各二。永祐間勅造。相傳先朝神宗皇帝、李神宗後身。寺兩掖跨池，架二橋，左日仙橋，通池中島三府祠；右月仙橋，按山之右臂。酉刻登天福寺，住持寂潔留談。寂潔天福人，談吐風雅。戌刻返夫人祠。

次早，眞醉翁登御龍峰。翁，夫人第三子，領卿薦，今籍瑞圭。峰左半里許，呂南帝遺冢及廟，在民居。俗云「呂嘉遺蹟」。天南國語云：「呂嘉冢在竹園。」未知孰是？按史南帝前後二李號，呂嘉，趙哀王丞相，俗說似不經，姑存之，俟識者。峰背二洞曰「甫谷」，谷有水產魚曰「神谷」，先朝臨幸，命內臣入之，見大蛇而返。巳刻過月仙橋，拾級登山，山腰碑勒定王御製詩。轉數級至天福別寺，禪師焚誦之所。住持先朝內臣，客至，餉山中物致款曲。寺前三級曰「竹園」，今無竹，中砌塔四。寺後佛跡洞，外洞日色不甚昏。左奉山神，石罅一泉，從山間落下，泉口龍首昂然，夏溢冬涸。磨崖碑大小不一，字畫刻蝕，皆中興以後。中間壁峭立，累石上丈許，至內洞口，蛇行而入，曰「各據」。內洞縱橫約一丈，禪師尸解于此。岩邊頂跡石上，足跡今存，人以硃刷印，旁坐禪師像，留題外洞：「丙辰季春，松年甫携友登此」十一字。午刻登絕嶺天市峰，晴雲彌空，清風徐來，峰石巉巖，宜倚者、宜枕者、壚者、酒墫者，天然位置，巧絕人工。峯巔一塊坦然，鳳凰、龜鱗、馬鞍、龍斗、花發諸山，回環拱向。黃希杜放花砲百餘，樵牧相顧詫異。返仙跡外洞，眞醉翁、陳問之對酌。山猿三、四出沒木梢、殿脊間，希杜、桂岩撫掌笑，山谷嚮荅。未刻下山陰福林寺，壁題「登山游覽」，不覺詩興滿山，不能收拾，落款「雙淸」。眞吾子戲續云：「我亦不約而合。」登貝奄峯貝庵寺，寺因洞木石相半。岩碑洪寧時尊女莫氏捐貲處，住持多比丘尼。壁間題咏錯落，一覽而返。峯下湧佛谷，奉古佛數尊。申刻拉眞醉翁、陳問之飲。日仙橋池蓮初秀，水中淸翠翩躚。堯明、桂岩、希杜不解飲，對酒，命茶，夜向深返寓。

十四日早起，發花發山，山在佛跡左，岩石逼側，遜佛跡。半山鍾閣，佛殿曰花發寺，住持比丘潘客婦，暮年出家，瀹茗款客，有京邑風味。寺後下一級，石塔峙焉。從寺左緣石上絕嶺，一石大於屋，呀然欲墜。石旁半間寺，近日烏州人募建，闃無人。巳刻自花發登鳳凰山，山勢如大鳥斜掠，中間石洞，藏佛像，嵐氣颼颼，游人衣扇俱濕。洞中有三洞，其二小而淺，大者空洞無底，世傳與冥府通。洞口樹蔭婆娑，因擁爐少憩。未刻東返，抵雲耕，宿表兄范縣丞材舍。夜間談佛跡山，表兄語余外曾祖榜眼公女，余表姐姑，幼慕空門，榜眼公命出閣，燒二指自明，出家居仙侶寺。嘗游佛跡山，入神谷。谷昏黑，晝夜不辨，燭而行，約二三日，猶聞地上鷄犬聲。久之境殊絕，窪凹中骷髏纍然，石乳垂垂，險怪百出，人行獸蹲，牀枕衣桁，不可一二日數。道旁一水，色如藍，老梢公撑船候渡。隔岸天微明，市廛人物，與人世無異。詢之，梢公曰：「冥間市。」循石逕而前，一叟白師返錫。師不聽，大蛇如麕，橫截去路，乃返。出谷一月零二日矣。師戒甚高，想不謬，故幷錄之。右山之大略，餘耳目不接者弗贅。十五日午刻，東野樵松年甫書。

【二一五】先太宰公逸事

敬甫

先太宰忠純公候命還，莫人止之。時駕回淸華，朝廷問斷絕。莫尙書陳公歷昭，縣之花軺人也，義公，欲釋之。但過監所，聲言：「天將明」，公會其意，潛步出，抵安常。追者已逼，匿于人，穴地居之，變服作菜傭，荷擡去。經沛江，遇莫游擊某，熟視，邀至家，治具款洽。公慌然不解。俄出妻子拜曰：「去年在臺省，某訟，斷某曲者，忘之乎？僕其人也。」公始悟，留信宿，從公而南。

【二六】譚公愼徽

敬甫

譚公愼徽，翁墨人，母某夫人，生公及次公愼簡。邑來一叟，驩州之左泐人，習堪輿術，多奇中。夫人聞其名，以封公墓爲請，叟諾而故遲之。每他出，輒以譚家爲歸。常遇雨，使夫人負己。二公趨代之，叟斥去，夫人怡然。夜入臥室，夫人峻拒之，叟嘆曰：「節婦也，當此以酬之。」竟予吉兆，二公相繼登第。莫氏篡，長公以先朝吏部尙書討之不克而死。黎朝中興，贈王爵，立節義祠。

【二七】黎公俊懋

敬甫

黎公俊懋，安豐春雷人，先朝仕至都御史。時莫登庸以交趾幸，驟至大位。公辱之曰：「爾毋恃力，吾能之，不屑也。」登庸忿，訴帝請角焉。公慨然諾，脂其體，針髻若袴，撲之幾斃。登庸篡，托疾不出。敦請之，公扶掖至，唾其面而死。

【二八】楊公邦本

楊公邦本，靑廉人，賜姓改黎嵩。晚得子，托漁婦哺之。長而歸，不喜讀書，日從漁游，公以其習，故不之怪。値先諱，被召赴京，夢入家廟，見赤髮鬼高踞坐，冠帶而卻立者，皆公祖父也。醒而悟，遍而搜之，浮家泛宅，不知所往矣。漁者以公子去，籍居膠水。長登進士，錦旋日，里人相語曰：「拖來子何事居吾民也。」公子聞之，叩諸親故，始知所自云。

敬甫

【二九】汪公士端

汪公士端，未第時，贅本邑富室某，生一子。婦悍，每朋從遊讌，輒斥之曰：「窮措大，四體不勤，何啜爲之也？」歲大比，治行裝，靳不給，公忿徑去，追取衣裾裸之，公入水自匿。鄰邑一女，偕祖母抱布往市，見之語，媼詰其狀，裂布而予之袴。是科公捷，聘爲室，登朝六十餘年，壽九十九，女封正夫人。陪從公士朗、錦江令士倩、吏部郎士澤，皆其出也。

敬甫

【三〇】化虎

山圍邑役某，山行失道。值一叟脫衣衣之，囑使後。某饑甚，閃間已虎。見群虎來狎，共寢處，得肉輒飼之。一日至其家，聞婦哭，某號慟欲絕。婦駭走，嗚鑼聖聒，懼而去。倦憩石上，叟至曰：「所借可還我。」據其腹，劍而剝之，膚痛欲絕。叟忽渺，視之故己也。蹣跚而歸，抵家已練矣。袒其背，毛點存焉。噫！某虎而人者也，人而虎者，可勝道哉？

敬甫

【三一】黑兒

花陽來潮舖一女，嫁狗國商。商返，問再會，曰：「三年不來，嫁焉可也。」逾期，改醮某，生一子，皮肉浮黑，似故夫。欲棄之，問諸聞者。曰：「此其餘氣，胡俗所以盪腸也。」無何，商來覓婦而得子，訟之，判子還商，婦歸某。後生數子，與人無異云。

敬甫

【三二】山洞

敬甫

南征辰，卒數輩，道山中見一洞。入之，初尚昏黑，漸覺辨視，可了。俄覩居民，語侏儷，不可曉。卒以餒故攘之，人皆鳥散，頃間麕集。懼而出，挾銳且行且射。歸述諸人，再往之，已杳矣。

【三三】林戶盜

金華林戶里正某，故梁上人也，家居作宰辰，某以故至縣，道少辰事甚悉：嘗偕某乙盜傍邑，夜徑林中，覺心動，抵邑門分伺之。約半更許，聞撲墜聲甚厲，急趨之，虎抱乙蹲坐。某視眈眈然，奮擊，中其顱，吼而去。乙倒絕在地，近撫之，息甚微，兩頰剜肉寸許。問之，久而曰：「渴甚。」某蹀躞求之，簷下有水，淺不盈掬，濡以衣，絞滴之，醒，負之歸。半途，東方既白矣，乙瘳，某不復盜。嗚呼！急友之難，而不恤其身，此古烈士之行也，今於穿窬見之，顧不異哉。

【三四】杜公汪

故莫段松杜公汪未第辰，從京中歸，抵吾縣，天色向暮，道上無行人。辰舉祠出介騎數十，躡公行，公倍道而進，過穫澤，疾呼：「穫澤兄救我。」祠中寂然。届明倫祠，復如之。神遙應曰：「弟於辰舉兄同縣，弗堪爲力，當求諸羅舍兄。」如其言，甲冑百餘應聲出，敵兵懼而退。返段松，具香祝於庭，以事訴帝，祝文火未竟，雷電大作，雨建瓴而下。詰旦，居人喧傳辰舉祠燬已矣。公喜，暗自負。以榜眼及第，入先朝仕，至尚書，封福神。

【三五】段將軍尚

松年

段將軍尚，長津洪市人。李惠宗辰，同乳子被命捕盜，鎮洪州。李亡，晝州自守。陳太師守度陽，與和；檄懷道孝武王阮嫩，以重兵襲之。戰方酣，陳師自文江邀其前。將軍捨嫩西向，爲刄所傷，頸不絕者一綫，解帶束之，怒氣勃勃。馳而東，至安仁，冠帶一叟，拱手道左曰：「將軍忠烈，上帝簡之矣。」指旁邑一邱曰：「此地血食也，幸無忽。」將軍諾，抵其地，下馬枕戈而臥。百蟲啣土葬之，民居作像以祀。

珥河決，流水泛濫，廟圯。水落，像見於安仁，安仁構新廟奉之。倚安仁江，前踞東北要路，威靈喧赫，商旅難於行，道路以目。一日，廟祝卒，仆地移辰，躍踞高座，集耆舊曰：「明當汛掃，備乘輿臨幸，緇服而徒者是也，盍伺之。」衆唯唯。翌早，冠服俟祠下，日向暮，倦欲散去，忽彼岸一僧，曳六銖衣，從一童，過橋，憩祠前，徑坐門闌。邑人焚香羅拜。怪問之，以神語奏。辰仁宗遜位，稱稠御大士，出家安子山，一瓶一鉢，往來村郭間，漸不爲俗所識。是夕卓錫安仁，得其故，喜之。留一宿，開視因果，勉令體好生德，早發回京師。次夕大雷雨，神座東向，行旅無患。累封上等神，長津故壘今存。

【三六】用江

松年

南塘縣用江，驩大川也。源發沉州，經大同、同倫，掠沙南營、浮石渡入海。波濤浩渺，在在多深淵，大同、同倫爲最，淵旁人烟湊集。

辰有婦女數輩，貿易市上，衣服談吐，類京邑人物；或躡之，近水而沓。一村夫臨同倫津，盥手乘涼葦菼間，見沙中二騎，馳驟三周，聯轡入水去。屏息伺之，未幾樓臺數座，浮出江流中，細如書卷，轉眼巍然，吏士厮役，往來可數。約半餉，喉癢不可禁，嗔噓一聲，樓臺蔽目沒，巨魚二尾，斷首浮津邊，江水爲赤。

大同丁君，官至知府，嘗過海陽之獺津，逆旅一嫗，年六十三四，向客曰：「君大同人歟？何聲之肖也。」曰：「去此千里，姥老何從知之？」嫗笑曰：「大同妾舊遊，君不知之耳。」細扣之，曰：「妾此間人，少辰浴于江，爲江神江東侯攝去。居三年，移隸驪州同倫鎮，治大同淵。進御之暇，辰爲虛市遊，濡染非一日矣。少儞某父子，里正某父子，今在否？皆里之豪也。少儞女某非溺耶？」曰：「然。」曰：「吾侯帳下走其婿也，龍宮多取中界人，皆卒隸輩所爲，官府辰一有之，顧不數見耳。在鎮五年，一槎沿上游下，夾帶龍稠木四株，侯心羨，激水沒之，水手數名并命。嗚於鎮臺，判勒還舊治。既返，放妾回，隨波浮沉，恍如夢，家人輩從水得之，數日而醒，雲水故鄉，至今猶在目也。」語歷歷可聽，丁君載之家書。

縣之東烈潭，去江遠，舟楫不通，世傳有短爪蛟，靈顯稔著。興元鹽商某自驪州詣京，泊珥河津，辰夏潦大至，貨易訖，未能返帆。一日，公役三五名，攜酒胾就商飲。酒闌，出書函，附耳：「某東烈蛟神役也，神征傘圓山，行間受命，幸以此達諸同倫淵。」商諾，收碇而南，舟駛如箭，頃刻千餘里，夕抵同倫。扣舟而喚之，水底應聲接書，囑商姑俟此。久之，隱隱聞悲慟聲。夜二卒進芙蔞盒，以二十金謝。商遜曰：「帆檣利涉，爲賜已多矣，受盒反金。」往來江湖，終其身無他警云。

【三七】東烈山

東烈山峙潭陂，絕頂一窪，相傳落星遺蹟，方圓可畝餘，溢涸以辰。山間石碁枰，旁一足跡，視常人較大。有女子履之，心動而孕，育一女，落褥能言，知過去未來事。聞于朝，召進京，詢及鬼神，無不立辨。以其怪，還之；三歲而殤。邑人皆以爲仙去，廟奉之，今在山下。

【三八】蜈蚣山

玉山一界，驩、愛二州邑，邑有蜈蚣山，神廟據谷口，歲以人祀。邑人輪主之，多金帛餌四方逋逃子，習爲常。一窮漢當主賽，莫可爲計，屆期，沐浴爲犧牲，袴藏利刄，四更鼓吹而往。賽訖，衆反鎖去，某交刄跨谷口俟之。一更許，腥風四射，蜈蚣山大如盾，咻咻然谷中出。遂刺之，頃刻而斃，怪遂絕。山今爲名勝，與伏翼谷並云。

【三九】內道場　松年

先朝中興初，兵革初定，山魑木客，妖祟百出，民間多苦之。廣昌安東人陳祿，業符水術，一日過那山，夏暑方酷，小憩林菁間；絕嶺一叟，髮皤然倚峰瞰山麓，以笠招之。摳衣而登，日昃，抵其巔，伏而謁。叟慰之曰：「子誠篤，簡在帝心，命予授子訣。」因提耳告之，曰：「此上空佛法也，勤行濟渡，蓮座不遠。」言訖不見。望空謝而返，試屢驗，遂以符籙名。稱佛祖如來，二子左右尊聖，大徒弟前官尊聖，餘菩薩、金剛、明師上中下三乘之號，各有差。聞鳶觜山妖，大爲行旅病，束裝赴之。妖宮粧緣席，據山頭，與祖師抗，三日不決。祖師怒，放排山訣，塌其峯，妖化爲鳥，凌霄而飛，連放訣中之，墜地斃。

西南十二海門，各有神濤一，水湧如山，頃刻四潰，遇之無孑遺。命其徒射之，沒其九，遺三濤，會以事監崇山不果。辰神尊皇帝，得奇疾，或傳爲李神尊再世因果，（見嶺南摭怪。）朝野憂之。大元帥清王定策，請帝內禪，稱太上皇，居別宮養疾，數年符藥無少驗。聞祖師名，遣中使聘之。祖師以西南妖氛甫息，未敢卽離，舉徒弟法部金剛自代。搥胸持咒，一月餘，上皇疾瘳，復辟，敕建內道場旌之。金剛返，途經布衞鄉，鄉人行鄉飲酒禮，金剛遺溺亭前，數少年怒縛之，婉辭得解。捻縛訣而行，亭中老少，各束手倚柱，三五爲群，挪移不可得，舉鄉驚怪。或曰：「一術士無禮，縛而釋之矣，疑卽此。」物色之，不遇，以事聞。帝曰：「此法部金剛也。」詢諸祖師。祖師懼，責金剛，閱所得訣，悉收之，惟請佛驅邪諸訣，猶行於世云。江北一道，稱內道場，以杖治病者異是。

【四〇】阮公翹亞夫人

浩軒阮公翹，亞夫人段氏點，江北省元段君輪之妹也❶。以文學鳴，與其兄周旋翰墨間，隱然敵國。嘗晚妝，段君盥水池上，口占曰：「照鏡畫眉，一點翻成兩點。」夫人立應曰：「臨池玩月，隻輪轉作雙輪。」太學生鄧君陳琨，歆其名，以詩謁。夫人笑曰：「初學小生，未堪作囊也。」鄧君憤，歸益研厲，遂爲知名士。夫人苛于擇配，數不偶。逾笄，歸浩軒公，閨中，相莊如賓，當辰傳爲韻事。浩軒公沒，及門士多從夫人卒業，成名者數十人。續傳奇，有海口靈祠，雲葛神女、安邑烈女三傳行于世。

姪某省元君女，夫人所愛也，適南督阮公春暉。公及其子卒，有聯云：「泉下承歡，應知君有子；夢中對話，誰謂妾無夫。」年七十，往來京邑，開講帳云。

【校勘記】

❶「之妹也」三字據文義補。

桑滄偶錄卷上 終

桑滄偶錄

下冊

東野樵 松年甫
愚湖 敬甫
仝編集

敬甫

【一】朱文貞公

陳朝朱文貞公文安，字靈徹號樵隱先生，青池光烈人也。擧進士，官國子監司業。裕尊辰，上七斬疏，掛冠而去，隱至靈山授徒，士大夫皆以山斗仰之。司徒章肅侯、陳公元旦贈詩云：

黼冕桓圭心已灰，風霜安敢困寒梅。白雲萬疊山扉掩，紫陌多歧我馬隤。蕙帳勿驚孤鶴怨，蒲輪好為下民迴。熙朝社稷天方祚，肯使先生老碧隈。

其爲世所重如此。

世傳公在黌黃授業，及門二少年，容貌奇偉，坐不與諸生同席，人或見自水中出，公知其爲水神。適歲旱，使行雨，辭曰：「上帝封江湖，涓滴無從得也。」公命于硯池取之。曰：「師命不敢違，然拂上帝意，同干嚴譴。」二少年去，須臾雨建瓴而下，俄見蛟龍二軀，斷頭墜地，公收瘞之，今墳在郊外，俗稱「蛟墳」。

公歿後，邑人卽學堂故址建祠奉之，以鄉紳配。景興中，裴公輝璧執政，訪其後得十六人，已改姓阮，皆椎魯無能，編列民伍。命復姓，擇其中一童子，授之讀，欲上于朝，議蔭封，如宋儒程、朱故事。會遇變，不果行。

【二】黎公廌

先朝黎公廌，號抑齋先生，原姓阮。父寺卿公，飛鄉鳳眼人，少好風水，嘗遷先墳于上福之藥溪，因家焉。公舉胡朝進士，官御史臺正掌。胡亡，隨寺卿公避寇崑山，有「夜依牛頭望中原」之句，其悲辰憫世之心，往往見之于詩。

辰山西霍沙人陳元捍，以買油爲業，暮過瑞香，宿禧康天王李翁仲祠。夜聞鄰邑神，邀王偕朝帝所，王辭以國公寄宿。鷄鳴，朝回，王問：「今日議事，有何號令？」神曰：「上帝以南國無主，命黎利爲君，黎廌爲臣。」陳覺，物色之，得公以告。公往扣之，夢王曰：「天庭秘事，所不敢洩；仙容娣盡知其詳，且婦人之言，上帝不之責，盍具盛烈冥金一萬啗之。」公如言，詣仙容主。夢主呼曰：「黎廌，黎利爲君，黎廌爲臣，獨未之知乎？」細問之。曰：「清化藍山人也。」公偕陳往候。太祖方短褐荷鋤，驅黃牛自田中返，留信宿。値先諱，烹豚治具，公竈下執爨，見太祖操刀劊肉，且劊且啖。私謂陳曰：「仙容主給我矣。」謁主而索之金。主曰：「黎利爲君，業有成命，但天星未降耳，蓋再候之？」辰太祖始得兵書神劍，夜閉戶讀書，公潛窺之，偕陳推門入。太祖仗劍出，皆伏地，言：「某等跋涉而來，以明公能爲天下主耳。」太祖笑留之，謀起兵。公曰：「未可。」築館授徒，嘗製小鼗鼓，及煎濃蜜，揑做鷄犬形，使童生弄以爲戲，他兒見之，競請其父，往從學。又嘗以濡脂遍書山中木葉，曰：「黎利爲君，黎廌爲臣。」蟲蟻食之，穿成字畫，椎採者見以爲神，更相告語，以故歸附者日衆。戊戌擧兵，前後凡二十餘戰，公常參帷幄。丙午戰於窣洞，大捷，進逼東都，明成山侯通接城拒守。丁未，明遣安遠侯柳昇、黔國公沐晟分道並進，以援東都。帝與戰于馬鞍山，斬柳昇，生擒黃福、崔聚等三百餘人。沐晟宵遁，王通開門降，縱使北還；自是通好，詞命皆公所撰。

紹平間，除官謝表云：「轅門杖策，臨大節而半生忠義自知；虎口塡身，決和議而兩國干戈以息。」其實也。以功賜國姓，授榮祿大夫入內行遣，知三館事。陳公後爵至國公，卒封福神，今祠在霍沙。

公文章渾灝有氣力，順天間，平吳大誥、藍京、永陵神道碑諸作，載在寔錄，此不再贅。紹平間，初贈昭儀爲皇大妃，制曰：

朕惟克敬惟親，遹追來孝；撫高帝艱難之業，惟中閨翊亮之勤，載敭大號於朝廷，用妥淑靈於幽寂。具位某，秉持懿德，經事先朝，遭板蕩之乾坤，共櫛沐其風雨。奉承箕箒，無忘洒掃之心；紉補衣裳，期盡彌縫之益。一心在御，千載靡虧。芒碭氣雲，睢水風沙，允備嘗於險阻；滹沱麥飯、蔞亭豆粥，常相助其渴饑。致鰲極之奠安，多鷄鳴之儆戒。方母後不幸而升逝，獨朕身有賴其扶持，深懷顧復之恩，敢後追崇之典。粵考成周之遺制，宜加大妃之新封，予以彰保佑之功，于以盡哀榮之禮。於戲！褘翟命服，流輝無間其存亡；馬鬣漏泉，賁飭有光於溟漠。

贈昭儀爲貞懿元妃，制曰：

朕惟，聖人制禮，道莫重於親親；朝廷推恩，義尤敦於貴貴。載頒制綍，用賁幽扃。具位某，淑慎柔嘉，端貞靜一；當乾坤草昧之際，形宮壼勤儉之風，靈山之糗精艱難，尤資主饋；凜露衣裳之藍縷，正賴彌縫，每念佐輔先朝之功，豈忘保佑冲人之德？辰一方大定，人已云亡，欲伸至孝之情，敢後追崇之典，是用擢寘三妃之列，以昭異數之榮。於戲！生養雖殊，恩有同於罔極，死生無間，期默佑於永終。

皆燴炙人口。常以事下獄，尋赦出之，累升門下左諫議大夫、兼翰林承旨學士，爵濟文侯。性恬淡，有棲隱之志，其贈友人詩曰：「身外浮名烟閣迥，夢中花鳥故山知。」

有刱墅在京北曰：「蕉園。」紹平末，侯命關上。辰大(太)宗皇帝北巡，駕幸蕉園，是夕崩，人以爲公妻阮氏路所弑；公遂以此得禍，闔門無少長，皆棄市。初馬鞍之戰，獲胡尚書黃福，公善風水，在我國辰，悉爲鉗記，至是見獲。公以俘虜，故不之禮。黃公笑謂曰：「吾祖墓有赦文星，百日難耳。不似君家夷滅禍也。」公弗信，後黃得放歸，而公因妻染禍，人以爲驗。

今按公祖墳在藥溪，穴葬平田，或以爲將軍展旗格，或以爲斷頭將軍形。未方龜山，其尾反射，黃尚書鉗記云：「藥溪脉短，禍慘誅夷。」蓋指此也。

世傳公未遇辰，在藥溪授業，常指野外一岡，謂諸生曰：「明當拔除，以構精舍。」諸生諾。昧爽，夢一婦曰：「身弱子幼，容三日徙焉可也。」既覺，馳視野外，諸生已畢工矣。獲二卵，問其故，諸生曰：「頃見一蛇，擊之斷尾去。」公袖其卵歸字之。是夜秉燭讀書，一白蛇婦緣梁，血滴其書，濕代字汚及三頁。公悟曰：「報在三世。」後蛇子破卵出，一長一短，公命放于旁邑蘇瀝江，今爲江神。公既達，嘗朝回，過葦席肆，遇一女色殊麗，以詩辭相諷，公悅而納之。紹平中，常往來宮掖，太宗命爲女學士。晏駕時，廷鞠之，女曰：「公所教也。」遂抵公法。臨刑，女化爲蛇，入水去。有妾逸山南，匿于人，生公子英武。久之，居停主人知其爲公妾也。光順間，聖宗嗣，愍公寃，下詔洗雪，追贈太師慧國公，訪其後，尋公子以歸。既長，敭歷臺省，奉使過洞庭湖，水中出一蛇，風濤大作。公請卒國事，風濤頓息。覲還，至洞庭，舟覆而歿，累贈太師崇國公。

景興中，修民政簿，廷議欲省諸開國功臣恩澤；閱公敕，戶部侍郎榜眼黎公貴惇碎之曰：「亂臣賊子，何詔敕爲也？」語未竟，奄忽睡去，見二卒迫之，至一所，垣墻繚繞，古木大十圍，殿上之龍椅數十，右廊設榻一，文官幞頭補服坐，左右森立。卒調榜眼公入，跪于堦下。榻上厲聲曰：「我濟文侯也，初學小生，何敢妄斥先朝勳舊，罪死不赦。」榜眼公脇息，不敢仰視。傍有一員，涼巾靑吉服，代爲懇請。良久，乃得解。語曰：「我功名事業，不屑與公較。子平日以甲第驕人，歸讀平吳大誥，若能勝此，碎敕不爲過矣。」榜眼公覺，亟寫故敕還之，諸功臣遂得不省。噫！公之勳烈如此。而不能保其身，子孫夷滅殆盡，芻狗土龍，古今同嘆，可慨也夫！

【三】裴公擒虎

裴公擒虎，天祿度遼人也，博覽有經濟才。游京中辰，有一人遠商歸，其婦養黃蟮羹食之，卽死；蓋蟮似蛇有毒，能殺人者。有司抵婦罪，公知其寃，力辨之，事白得。召用，列官于朝。廷臣以公不由科第，多不服。會太廟忌辰，錙辰刻行禮，故事百官夜半集廟廊，公獨以酉宿直。夜風雨大作，須臾駕臨，百官無一至者。上以大禮不可改卜，命公兼行之，以一人周環殂豆間，皆中禮節。辰禮部屬有欲困公者，焚炭金爐中，不用灰隔；公袖出濕巾藉之，捧進上前，奏爐熱，請以巾藉，既退無失容。讀祝辰，殿上燭忽滅，公暗中宣讀，不失一字；逮火至，讀已竟矣。上由是器其能。

太和中，官至御史中丞，安撫諒山鎭，遷參知政事。嘗以其邑瀕海沿山，多苦旱潦，于洪嶺山邊，疊石爲堰，引溪水廻環，錯注田中，如古溝洫之制。渠成，灌千餘頃，鄉人利之。及卒，祠于白鼻山下，封福神。景興末，驩中擾亂，獨其地以不利步騎，故得保全云。

【四】鬼詩

敬甫

月堂寺近花陽鎮，一方都會處也。近有一士人遊覽，見壁上題一絕云：

幾年不到月堂門，上剎依依鎖淚痕；宿草墳前妻妹恨，荒邱一壘葬三魂。

辭極悽慘，疑是鬼語云

【五】范公五老

松年

范公五老，唐豪扶擁人。家世業農，姿貌魁梧，有文武材略。所居臨官路，常盤足坐路，旁削竹。陳興道王從萬刧入京，前騶呵之，不動；飛槊刺其股，公坐如故。王輿至，怪問之。對曰：「偶有所思，故不暇及耳。」王奇之，叩所學，經傳韜略，應答如流。命拔刃敷金創藥，載之後車，進于朝，管禁衞。衞士不服，奏請與公角，公慨然諾。假歸三月，日就野外大阜，隔尋而躍，阜塌其半。假滿赴禁城，集衞士較藝，拳踢並角，倏忽往來如飛，千夫不能抗，人服其能。辰哀牢酋驅馴象萬餘，寇掠驩、演諸鎮，所到步騎披靡。命公往討之。公令緣邊斫苗芽竹根，長可五六尺，隨地堆積，麾諸軍却立，徒步獨入，操竹根撲象趾。象大吼，亂奔；哀牢宵遁。興道王兩番擒胡，多得其力，累官殿帥上將軍。及卒，封福神，卽其故宅立廟。公嘗有詩云：

橫槊江山恰幾秋，三軍貔虎志吞牛。男兒未了功名債，羞聽人間說武侯。

平生梗槩，至今猶可想見；近歲鄰邑范公貴適題公廟有云：

三朝事業餘編在，萬古江山一槊橫。

又云：

書生亦有呑牛志，惆悵遺吟和不成。

益有所感也。

松年

【六】會試

中興以來，會試第一場，五更初刻，外辨中嚴。昧爽，皇上儆蹕御講書殿❶，帥府詣坐前參謁；上爲起，免拜賜坐。百官幞頭補服，靴帶起居。侍臣擬試題進呈，欽差官受命出門，輿蓋入場，發問。薄午，回宮。第二、第三、第四場，帥府代行，侍從諸臣平頂帽，靑吉衣，絛襪，行四拜禮進題，出命如初，累朝因爲常制。景興乙未會試，聖祖盛王臨講書殿，傳旨：百官冠服朝謁，如皇上觀試之儀。尚書阮公伯璘常服四拜，啓稱：「列聖先王，尊扶一節，相傳二百餘年，一旦更張，殊駭物聽，阮院師傅(傳)大臣，不能匡正，請斬其首，以謝天下。」王不懌，爲之回鑾。是夕，一生出場假寐，更服外殿，夜聞殿中曰：「三綱絕矣，黎國何以久存？」搜之，漫無居人；悟而返。鼎革後，始語諸所知云。

校註❶「講書殿」下旁有註文云：「或稱試殿。」

【七】陶侃母塚

松年

京北文江之多牛，風水家相傳以爲牛眠勝地，高王地鉗云：「見繩而止，遇草而投。」蓋指此地也。先朝景興中，一大姓卜地，掘得吉塚，內棺外槨，朱膝(漆)烱烱然，刻題「陶侃之母」，事聞，帥府命官省驗，仍舊壙掩之。

按：陶侃母塚，世傳公丁艱辰，有客來弔，指牛眠處可葬，事載晉史，歷歷可據；未聞以爲牛眠砂形。且母繫子名，事不經見，姑存之，俟識者。近歲永賴應募江大阜，爲水所嚙，流水一棺，朱漆金箱，曰：「伏波將軍之妾。」山南一社亦然，因附記于此。

【八】東華門古廟

東都昇龍城，李太祖辰所築；下令太峻，國學諸生，皆荷鍤負土。范生起張荏弱不任操作，絕倒東華門左側，工者併築之。數月，其妻自鄉間奔喪，向城號慟，三日不絕聲，城忽圮。范生面如生，見者驚異，聞于朝，命卽其地，建廟，今存。近世訛爲諒城東門廟者，非是。

【九】野寺伽藍

松年

戊午歲季夏，文江金牛人某乙夫婦並擡敗草往田間壅芋。日向晡，野寺中出一大漢，高丈餘，面赤如赭，捽婦入寺去；乙且走且號，及邑門。邑人麕集，偕乙詣寺，見婦人在前殿右楹，倚柱，如醉，伽藍像面色陡變，右手猶罩婦頭巾。衆大驚異，踣其像毀之。

【一〇】城南磨崖碑

敬甫

襄陽城南，屬義安荼麟，陳辰所築，以其在大江之南，故稱城南。距城一望，有山曰：城南山。陳明宗辰，親征哀牢，車駕還至黔州，詔詞臣阮公忠彥磨崖紀功，卽其地也。黎景興中，芒台結連牢籠，攻破哀牢，逼鎮寧。督同裴公輝璧奉命經理邊事，駐車襄陽。嘗梯山覽碑，刻字掌大，入石深寸許。以濃墨刷印，今錄其文如左：

皇越陳朝第六帝章堯文哲太上皇帝，受天眷命，奄有中夏，薄海內外，罔不臣服，蕞爾哀牢，猶梗王化。歲在乙亥季秋，帝親帥二師，巡于西鄙。占城國世子，真臘國、暹羅國臣蠻酋長臣蔡禽車勒，新附林盆酋長道臣車蠻諸部，各奉方物，爭先迎見，獨蓬倖執過畏罪，未即來朝。季冬，帝駐蹕于密州巨屯之原，乃命諸將及蠻夷之兵，入于其國；蓬倖望風奔竄，遂降。詔班師。辰開祐七年乙亥冬，閏十一月日勒石。

敬甫

【一一】先太宰公

余八世祖太宰忠純公諱寔，東岸雲恬人。其先大父諱盁，贈太保延福侯；少辰邑內臣某，延風水師相地，點一穴；侯牧田間，見而心識之。後某遷他所，侯奉先墳安厝。

公少劬于學，辰同縣翁墨尚書譚公琚，邑之封君也，嘗閱此地，知公做，戒邑長錙徭，俾得專業。無何，公遊學歸，偕邑人爲譚公服役。譚公見而問之年，出對曰：「十八力能擡土。」公應曰：「九五龍飛在天。」譚公器之，曰：「此子他日，非吾所及。」入內，謀婚事，以女孫歸公，後封郡夫人。余七世祖太傅恭懿公，諱宜，其出也。

光興十八年乙未，先朝世宗皇帝中興第一科，公舉第二甲進士第一，仕至贊治翊運功臣、戶部尚書、國老太傅蘭郡公，致仕，贈太宰，謚忠純。子恭懿公，弘定巳未科進士，仕至吏部尚書、少傳(傅)陽郡公，贈太傳(傅)，謚恭懿。始公微辰，與翁墨中式譚公珥祈夢于安豐眞武觀；公訖無所見，譚公詩曰：「言譚玉耳夢詳明，第一開科第一名；父貴子貴孫又貴，子孫世世出公卿。」既而公登朝，子孫貴顯，如其言。

世傳公受業傑特尚書阮公澧；莫亡，傑特公隱居不出，以公薦，召用。弘定間官至刑部尚書美溪侯。辰公以禮部尚書首班，懇辭不拜，王問其故，以傑特公對；王嘉其言，命傑特公首班。

詳見公餘捷記續集，附訂于此，備參考。

【一二】瀆　江

敬甫

山南瀆江源自喝江，來富良江之支流也，至金榜篤信與良江合爲瀆江，三岐水上奉江神廟，稔著靈異，往來商舶，必齋禮謁，否則檣帆楫擢無一存者。江中水柱，不知始何辰，俗傳人相詛者抱之，某曲，必爲所掣。景興間，王駕南巡，每過其下，波心湧出一州，江水暴畜。命鑿之，隨鑿隨漲❶；遣使祈于神，許以登秩。瞷間，水中出二蛇，長尺餘，如竹管大，蜿蜒涉州而去，所過崩潰，水漲如初。王神之，册進上等。一侍侯兵某，徵租其邑，嘗于津邊盥浴，水坐乘涼，出橫笛吹之，聲甚洌喨；顧見一小蛇，蟠于其側，昂然擧首，其赤如日。某戲曰：「汝欲聽吾笛乎，隨吾歸可也。」蛇卽上笠臥，某載之歸。至亭中，衆方大醵，以酒食飮某。臨晚歸，就館，途中墜笠，蛇臥地不起。某怒曰：「汝懟我耶？」以脚擊之斃。是月管官某侯在京疾篤，醫藥不效，其家邀符籙師設壇請將，將附童體語曰：「侯病非他，某殺江神子所致也，亟遣詣祠聽罪，不然神怒方深，病必不起矣。」召某詢之，以寔對，且請曰：「殃咎僕願當之，不以累吾侯也。」侯具牲幣遣往，某潛以布纒其臍若膝，遍揷刀刺，袴藏利刄，旣至，抱柱，須與滾入水去，沒設其腹。約一更許，復緣柱上招舟；家人迎視之，掌血淋漓，觀者皆爲駭汗。少間，復抱之，良久不墜，登岸而返。翌日江中浮出蛟鼈，死者不可勝計，水爲之赤。其後侯亦無恙。

【校勘記】

❶「隨漲」原作「漲隨」，「隨」旁又加「漲」字。

【一三】鵬郡祖墳

敬甫

鵬郡阮有整，眞福東海人也。其先豪富甲一州，父喜風水，聞青漳杜監生從范眞人員游，得青囊秘訣，邀至請墓地。監生諾，爲遷鯤鵬山一穴。既而婦有娠，臨娩，杜至門，聞兒哭聲，驚曰：「此亂世奸雄，誤天下者我也。」及長，是爲鵬郡。昭統間，以爲大司徒，平章軍國重事。一術士相之，出語人曰：「天狗星所降，位至王公，禍必不免。」未幾及難，如其言。

【一五】清錦廟

松年

壽昌東閣清錦廟奉故莫烈士某公，公姓字失考，舉莫氏進士，官至臺省。辰成祖哲王，義師東下，莫主棄城北遁，王麾兵追躡。事既迫，公錦袍金帶，由太極湖半出東閣街前，扣王馬。王鳴金小憩，集諸將議斬之，鼓行而進，莫王已濟江矣。義師返，莫氏復據龍編，卽其地建廟，橫踞通衢，香火不絕。僖祖仁王辰，常命去之。廟下有塚，埋首宛然，環一奇拽之不可動，廟遂得不毀。（先朝兵制，五百人為一奇。）

【一六】范仙逸事

松年

范眞人員，東城安排人。遇仙始末，詳見吳公福臨所作小傳，今不再贅。世傳仙人得道回，父尚書公在中都秉政，嘗遇其母某夫人忌日；眞人率家童四人，舁食卓馳獻尚書公。去邑門里許，戒瞑目而行；須臾開睫，已到都門壓橋市。返亦如之。一日衰絰苴杖入中堂大哭，兄弟交讁之。無何，尚書公損館。眞人語兄弟曰：「某不肖，落魄有年，請苫塊守喪，以贖前過；治葬蠲吉諸大事，惟兄弟謀之。」衆皆諾。屆喪期，兄弟各備供具，構站舍，惟眞人寂然。前一日，始出郊外，相停輿上食地，半晌而返。詰旦發引至其地，見棟宇巍然，皆旁邑諸瓦館，牲牷粢醍，及水陸殊怪，無一不登鼎俎；奠訖，分款親賓。是夜諸館各復其故，既而仙去。

【一七】鄧公瓆

松 年

扶董狀元鄧公瓆，未第辰，獨居卒業。一日早起，有鄰婦晒二襦於庭；既去，爲其同室婦所收。屆暮，兩婦交詬不能決，具鷄黍詛于天王祠；公戲命筆識之。數月盜婦如故，公笑曰：「鬼神之爲德，我知之矣。」神扣門曰：「狀元公，狀元公，他日爲朝廷辨事，將以一命抵二襦乎？」公竦然懼，詰旦詣祠下謝過，然亦以此自負焉。

【一八】阮公尊室

敬 甫

阮公尊室，御天福溪人。少寓于京，不好讀書，日日從郡兒嬉戲。父怒撻之，隱于延興寺；旬日饑，則竊佛前齋供啖之。人見以語其父，父携歸詬辱。公請從學，游探花武公晟門。武公當世尊師，門下士知名者甚衆，公初學，未之奇也。課題「雌雄」詩，公領聯曰：「並立山頭玄石亂，雙飛漢表黑雲迷。」武公器之曰：「此子他日必詩名世。」二十八歲，登保泰辛丑科進士。辰詠橋阮公德敦自負該博，既入四場，出語人曰：「今科首選，除却阮尊室一人，餘皆避吾三舍矣。」榜出，公第一，詠橋第二。庭對，黃甲。兩奉北使，仕至戶部左侍郎侯爵。秉道疾邪，無所迴避，柄臣曄郡公以事中之，貶翰林侍讀，免，歸鄉里，七十餘歲，以壽終。奉使有使花叢詠集數百篇，中朝品藻，極加嘆奬；迄今五十餘年，國人皆傳誦焉。子尊寶茶麟知府、尊寔京北憲副，亦以詩名。

【一九】邯江祿郡公

邯江祿郡公丁文左少仁俠，喜與亡賴游，膂力過人，悉服儕輩。邑前大江，廣一里許，常往來游泳，習以爲戲。一日，皆（偕）同輩臨流縱飲，聞隔岸賽神鉦聲，衆激使盜之。公諾，夜徒涉，往掣其鉦以去。至江中，叩擊鏗鏗然；鄉人始覺，追之不及而返。後以事繫東門獄。辰南陲用兵，王命列校設堠于五龍樓，較角射銳，公適與獄卒往覘之，笑曰：「不能命中，何用若曹爲也？」射者怒，授銳命公射。公更取巨銳挾置額邊，連發之，破三鵠，射者驚服。列校命試之，隨發隨中。事聞，釋服其罪，隨軍南征。與敵遇，官軍據山上，敵卒攻之，將士皆却走。公伏叢莽中，俟敵至，發射，敵懼有伏，斂兵而退。官軍乘之，敵大潰。由是知名，累立大功，賜郡公爵。悉納還誥敕，請削刑書。復立戰功，官至極品。八十歲疾革，王親省之。問所欲，對曰：「願未塡溝壑，得列福神，瞑目無恨矣。」王許之，命榻前宣敕。未幾疾愈，又若干年，始卒。其後屢出驍將，以健聞名。辰國老鄧公廷相子孫貴顯，青紫滿朝，人之爲語曰：「丁氏討賊，鄧氏做官。」蓋指其寔也。

耳孫迓衡好書史，恂恂退讓，有信士風。昭統末官殄寇大將軍，爵邯郡公。已酉歲，挈家從亡。母卒，有一聯云：「日沉西嶺水東流，古今常態；母夢南柯君北渡，家國俱憂。」聞者莫不悲之。

【二〇】左泑先生

敬甫

左泑風水師某君，宜春左泑人也。少孤貧，以母目盲，隨浮石舖客商北還，求醫術；醫嘉其純篤，教之，業成將歸。會有某師者，堪輿正傳也，患目久不愈，迎醫療治，醫老不能行，遣君代之。疾瘳，相君曰：「可教也。」悉以其業授之。逾年欲試其所學，聚沙爲山水，藏百錢于其下，授百釘，使按穴插之，既而發視，中九十九，差其一。師曰：「可矣。」乃遣歸。臨行囑之曰：「若過洪嶺山，愼勿仰視。」君受命而歸，抵家，母猶健，以藥療之瘉。俄以事經洪嶺，憶師言，不解所以。試登山覽之，得一穴，笑曰：「此吾師之戒我者此也。」竟奉家墳遷之。無何，生一子。

時明人望氣者皆曰：「星辰南拱，安南已得地矣。」詔風水家有爲安南人卜地，及授之業者，以計敗之，否則各族誅。詔下，其師意君，故遣其子往訪之。既至，謂君曰：「返國以來，曾遷得先墳否？」君以寔告。某陰掘取之，誘其子以歸。未幾，母沒，卜宅于海島，囑某日辰葬。會爲風濤所阻，失其期，君嘆曰：「此龍口冗也，五百年一開，開止一刻，今無矣，吾命也夫！」自是不營產業。嘗周四方，爲人遷葬。歿後，止二女。

始君在家辰，常卜生墳一穴，曰：「一犬逐群羊格，葬之三日，當成地仙。」晚自中都歸，得疾，携一弟子俱，將囑以後事，半途弟子沒。至家疾革，令舁就其地；道遠，度不能至，指路旁一阜曰：「此血食地，不得已焉可也。」下輿，命依所向穿壙掩之，後果爲福神。噫！君之術可謂奇矣，獨其名姓不傳，惜哉！（一說先生姓黃名止。）

【二一】潮口故城

敬甫

潮口故城，在興元之湖口，明永樂辰所築。先朝太祖自社家村絕河攻圍，即其地也。城西北包山，東南砌甓爲之；歲久城圮，榛莽極目。南門爲牧馬場，山上插旗石猶存。山半有宣義廟，姓字失考。城中一池，相傳北人窖藏遺跡；牛浴泥淖中，往往有錢文貼毛上。

景興間，裴公輝壁任驩督，公暇登覽，有詩一首，中二聯云：「鬼廟岩腰名不攷，旗竿石上跡猶存。野牛戲浴埋錢窟，官馬閒遊砌甓門。」餘不悉備，詳見裴公義安集。

【二二】武公睿　松年

狀元武公睿，山圍程舍農家子也。少辰父母往田間，公與群兒，摶土小象，揷蝶爲耳，釘蛭爲鼻，以四蟹負之行。索逋者至門，問：「爾父何適？」曰：「殺一人。」問其母。曰：「生一人。」客怪之，詰其故；公索賞，曰：「爾無隱我，饏爾逋。」公進片泥，邀手楊爲識，客勉從之。笑曰：「我父拔秧，我母揷秧耳。」客大奇之。他日索逋，公以昨泥進，客無以應，勉父令公讀書，且以逋爲燈火助。

洪德二十一年，魁天下，歷仕御史臺都御史。屬天下多故，從昭宗皇帝幸清華。權臣莫登庸盛兵奉迎，公極口痛罵，操御史印，投神符海門。先朝中興，鑄臺印不就，命漁者汆海門求之；公冠服佩印坐，宛然如生，蓋六十餘年矣，始以喪回山圍。

【二三】阮公文階

尚書阮公文階，少時受業同邑太學生某。公家貧，旅(膂)力過人，常傭抬以供燈火。一日傭回，熱甚，浴於師門池水中。正游泳間，塘上衣服，爲無賴子所攫，裸身藏水底。久之，隔池一監生女出門滌涗，見公輒返，頃之復然；又頃之，徜徉池畔，布遺數十尺而去。公心感之，攝布裸體而回；既捷，請於監生，聘爲亞室。監生曰：「小女無緣，昨已許敝門人某，此貴同年也，幸毋見訝。」適同年某公來，爭辨不能決。公曰：「室中有婦久矣，非敢望希絕色，取笑于同心，顧少年未遇辰，業家蒙閨閣青眼，弟已心聘之矣！天地鬼神，昭布森列，此心其可昧乎？」因備述其故。監生入內詢之，與公語合；逐以女歸公，是爲第三夫人，公寵之匹嫡云。

【二一四】 純陽祖師廟

松年

昇龍城行硯巷，純陽祖師廟，不知始何辰；范眞人員常會純陽于此。如京張氏之先，家甚貧，設茶肆于道內，朝夕僅能自給。見一美髯道人，往來憩息；張奉之甚虔。道人感其意，爲遷陰墳一穴。事訖，請姓氏，曰：「余姓呂，家住行硯巷口。」張識之。旣遺來謝，遍訪無呂姓者，惟純陽廟在焉。

丙午兵火以來，故老零落，賽者誤認以爲柳杏公主，花鈿綉鞋，紛杳案前髭鬚相公土地。夫人之誤，不一而足，可勝嘆哉！

【二一五】 大人

松年

宣光諸峒册，多間居山谷間，土人常爲棧閣，以避鷙獸。督同阮公廷碩在鎭辰，有大人入村落一家，搏人而食；十口盡其九，一人逸，聞於官。輿大砲四射，坐斃棧閣上，足垂至地；拽出之，五體裸然，長約二尺許，短髮及肩。公異之，歸述諸平章潘相公仲藩。相公曰：「此西南徼外產。」甲午平南初，故阮武庯有人皮一副，長大略相等，寔以粟穀。詢諸吏，乃山中所獲者，當是其種云。

【二一六】 范公廷重

敬甫

尚書范公廷重，莢山擇循人也，卓犖有文武材。少辰游學，賦北門鎖鑰云：「嗚呼！花夷望重，社稷功高；枚數宋朝巨俊，幾如寇老辰髦。何故不在中書，調鼎任商、衡之重？却乃遠臨沙塞；折衝當漢閫之勞，畢竟見忌于人。難平者事，要盟恥甚於眞宗，沮約仇深於王子；澶淵下閉門束手，彼既膠宿怨之未舒；泰山巔牒玉泥金，茲更慮奸謀之見沮，故久淹河上之翺翔，豈特爲朔方之捍禦。」見者莫不奇之。登永祐乙未科進士，以家艱免歸。辰寧舍賊起，東南騷動，公嘗語所知曰：「剷平此賊，非我不可也。」俄以誘執賊臣阮遽功，超升工部右侍郎、伯爵。

先是寧賊餘黨推清河雷洞人阮有求退保塗山，阻海依山爲固。朝廷討之，累年不克，命公協統領。與曄郡公五福分道並進，列柵山上瞰之，賊久不下。公命砍松木數百，虛其心，鍛鐵箍之，中寔石礮；及引火藥，乘高放入賊壁，賊死者無數，架松木板自蔽。公煎松脂浸麁布，碎剪之，雜石礮火藥，如前縱射。布着板輒爇，賊潰圍北走，塗山平。陞副都御史、正統領。

未幾，求復集其衆，寇掠東北間，橫行莫能制，辰謂之「游魂賊」。求善以少擊衆，與官軍戰，縱馬前突其陣，無不披靡；惟公與曄郡公部陣嚴整，未嘗失利。賊憚之，號公爲「蜥蜴兒」，曄公爲「黑鳥漢」，謂不可犯也。

公常從十餘騎，皆恐，欲速行；公止之，繞出野徑中。徑間一井，草茸茸然，泥水混濁，行者不能辨，公布椅其側，坐待之；賊去一箭遠，大呼曰：「『蜥蜴兒！』今吾獲汝矣。」公叱曰：「么麼賊！吾不能斬若首乎？」賊怒馳之，人馬俱入于井。公從騎欲下擒之，公不許，命亟走。此賊出井，公已抵莢山矣。

公行師持重，不求小利，猝與敵遇，輒鳴金勒陣，環兵外圍；去則遙尾之。辰出游騎，遏其抄掠，賊由是疲於奔命，窮蹙乞降；朝廷授以寧東將軍印，封嚮義侯。公力陳其不可曰：「狼子野心，終不爲用。」引兵復追之，賊黨走散。求奔義安、瓢江，公部將范將軍廷掉擒之，賊平，議功册封「宣力揚武功臣」，陞兵部尙書，爵海郡公；尋命爲義安督率。

始公與署府鍊郡公杜世佳有隙，會除夕，中使齎賜藥酒。麾下愛將淸岐利刃，欲殺使者，請公擧兵，以淸君側；公不可。晨具朝服望拜，反私室，酌御酒飮之，密書召督同陳公名寀，囑後事。陳公至，公七竅出血而死。辰淸岐聞喪，秣馬勒兵，欲挈州向阮。陳公得公書，紿淸岐赴閣上，伏甲士擒斬之。訃聞，追贈福神廟于乾香山，賜子廷宜，爵東岸侯。景興間，官副提領。故太子被廢辰，幽于侯第；侯以儲君禮奉之。王怒，罷提領，以此坎坷，不得大用。昭統丁未，追錄其功，授海陽處鎭守；戊申終于家。

淸岐亦擇裔人，姓氏失考。少驍勇，隨公討賊，管淸河、四岐義士。公統領辰，常坐舟中，獨愛妾及淸岐侍。妾晨往盥手，呼有賊，公端坐不動；淸岐趨之，求已攀舟將登矣；格鬥良久，求復沒水去，公由是愛之；然驕蹇，數犯法，公屢欲殺之不果，至是死。

世傳公未第辰，宜陽一老監生某甲，與同縣少監生某乙善；乙死，甲經紀其喪。已未歲大比，赴京應選。途出上洪間，會日暮，見乙邀至家，堂屋侈麗，侍衞森立；乙命椎牛設酒以款之，甲問前程。乙顰蹙曰：「子家破命窮，何事問功名也？」甲哀祈營救。乙曰：「今科賦題甚僻，有范生廷重者當告之，是一救星也。」少間就寢，黎明辭去。反視之，扶擁范公五老祠之居民，是夜一牛無故暴死，甲心識之。至場賦題：「選賢任能。」一舍生以出處請教，問其名，乃范公廷重也，甲備告之。是科公中進士。未幾，東方賊起，甲妻子及難；孑然依于公，公嘗賙之，僅能自給。每上軍功簿，著入甲名，事必中止，竟以監生終其身。

【二七】天姥寺

敬甫

寺屬順化香茶，寺在平岡，頗有溪山之名勝。俗傳昔風水家鑿山脊，倏見一姥，語邑人立寺，迎諸靈還山，因名天姥。故阮端國公潢重修，其後繼加營繕。寺石磬一，音甚洪亮，銘：「正歷二年造。」會主是世祖明康太王。佛座傍，故阮牌七世祖考。前阮亡辰，其故臣某謁拜，題詩壁間有「可憐二百年基業，不及山僧一夢長」之句。

景興間寺稍頹圮，驩督裴公輝璧奉旨宣諭，嘗偕督視張公登揆乘舟登覽，有詩云：「阮家七世牌空在，僧舍千間瓦半零。」又云：「掛帆一片登臨處，閒拂苔階閱磬銘。」

【二八】還劍湖

敬甫

昇龍還劍湖，在報天坊側，與江水通，勢甚廣濶；先朝太祖皇帝墜劍處也。初太祖起義辰，得古劍一口；得國後，嘗以自佩。一日泛舟湖中，巨黿浮水上，射之不中，以劍指之，墜水沒，黿隨劍去。帝怒，命塞湖口，築堤竭水求之，不得，後世因其跡，分為二：左望、右望。景興末有物從島起，光散而滅，人以為寶劍飛去云。

【二九】京城門

敬甫

京城四門，李太祖辰所築。近歲毀大興外闕，纔及其半，一蛇大如椽，黑質白章，掀磚石出，緣街坊屋脊，飄忽而去；獲其三子，皆斃之。

俗傳景興中壞白虎門，磚縫內得一龜，細似文錢，頭足猶活動，因附于此。

【三〇】黃公岑

茱山黃公岑，家世業農。父早沒，遺產數高，與母相依爲生；年二十有四，不辨字畫。同縣尙書阮公允廸致仕歸，邑令撥民夫侯接。公在其列，充女公子輿夫，竊窺之，姿色絕代，不覺心動，歸語其母欲娶之，母笑不可。公備榔房，促母往問名，自尾其後，恐母紿已也。母重違其意，躊躇尙書公第門。尙書怪之，以問，母懼請罪，道爲兒所迫。故尙書公笑曰：「無傷也。」召公呰相之，犢鼻孑然，頓首月臺下。尙書公曰：「公相之女，無嫁白屋理，他日事業如我者，行可耳。」公再拜曰：「謹聞命矣！幸公勿食言。」既歸，不謀諸母，賣田一高，得錢三十緡，詣京訪名公受業。三年，業大就，以遺脫士人應洽和縣考，連捷鄉元；覓鄉人寄語尙書公，無負前約，隨卽入京。辰尙書公女數字未就，猶然在室也。故莫大正戊戌科，年二十七，登第一甲進士及第第三名。錦旋日，奠雁于尙書公之庭，鄉人艷之。仕至禮部左侍郎宏福伯。

【三一】鄧君陳琨

松年

公青池仁睦人，余先君執友也。性喜酒，落魄不羈，在場屋間，以文章名天下。辰威王得疾，移居賞蓮宮，京城火禁太嚴，君穴地讀書，工課未嘗少輟。嘗題瀟湘入景圖。其瀟湘夜雨云：

菰蒲澤國四滄滄，誰把琳瑯滴夜長。乍過幽蘭啼楚客，忽來暗竹泣娥皇。蘋州冷逼漁燈細，蓬底秋驚旅鬢黃。拂掠數峰猿樹外，滄歌聲斷水茫茫。

山市晴嵐云：

又云：

家人麓外煙光淨，酒店林間樹色明。

換米樵夫穿洞去，責鮮漁子傍溪行。

遠浦歸帆云：

日暮無人迎棹問，五湖多少水煙秋。

江天暮雪云：

混沌千山埋草樹，朦朧萬頃失煙波。

又云：

漁翁迷却蘆花渚，向夜歸來玉滿簑。

平沙落雁云：

細雨簾葭蕭瑟裏，又添秋色滿南江。

風格峭然，中興以來詩派，爲之一振。八韻聯珠諸賦，舉子每珍藏之，張翰思蓴鱸賦有云：

冷淡村殽，半餉了八王之成敗；尋常野品，數盃殘兩晉之是非。

張良布衣賦有云：

副車盈恨一襟，博浪之沙痕暗濕；黃石秘傳半袖，圯橋之露點初晞。

叩門聲賦云：

門叩幾聲，手報無言之綸綍；覘恢一宇，喉通未到之開河。

又云：

乾坤盃裡經營，鼾睡之山河欲動，厠皆琅琅可訊。

初謁選，授府學訓導。謁聖廟文「無位華勛，能言天地」一聯，尤爲世所稱誦。晚年作征婦吟，上下約數千言。吟成，示吳公時仕，吳公歎服，乃曰：「壓倒老吳矣！」傳寫粵東西間，有識者曰：「精神在是矣。」不過三年死，竟以御史臺照勘，終如其言。有碧溝奇遇小說行于世。

【三二】乾刹鬼母

松年

慈廉下會、上葛間，一農家兒，年約五六歲，常語其父，請宿于別村外祖家，夕往晨反，數月習以爲常。叔憫其跋踄，途遇外祖父，請許姪家宿。媼驚曰：「兒不過我家久矣，烏得有是言？」叔悟，不之答。臨晚，陰尾兒行，出邑門，將抵一岡，樹木叢雜，兒遙呼母曰：「兒且來矣。」叔蔽身旁阜伺之，叢中群兒數十餘，哭笑互作。一婦雙乳各尺許，抱兒入乳之。兒曰：「晨往夕來，懼爲彼所覺，母盍携兒去。」婦慰曰：「債限未滿，姑俟之數年；彼尙以鯉鼈飼汝，當却勿食，否則我不能近汝矣。」兒應曰：「諾。」對語喁喁然。叔屛息而返。詰旦，購二物合烹，喚兒命之食，兒果峻却。強啖之，傾餘，汁澆其體。薄暮復尾兒出，去岡數十步，鬼母大驚曰：「不守前械，何事復來，」見兒斥使勿前，兒却立而泣。叔大聲叱之，婦倏不見，出鼈甲鯉魚骨，遍撒叢樹中。是夜婦叩叔門，哀求去二物，否則爲祟，叔不得已諾之，早起拾而棄之水次，兒迄無恙云。

【三三】鎭武觀

松年

京北安豐之麻廟，今改爲春廟。上古辰有九尾狐爲民間害，四十餘里，迥無人烟。玄天上帝嘗降其地收之，累朝爲望祀，載在禮典，建鎭武觀于昇龍城西北，以鎭西湖靈氣。先朝定王始範銅爲象，高可數十尺，散髮赤足，杖劍踏龜蛇，前立；元帥四員，湖精立其測（側），威容儼然。

道士某姓名之，先籍清化，世業符籙。嘗自旁邑歸，遇左泑風水師，途中告餒，傾囊中饅頭蕉果奉之。師感其意，爲遷祖墳，曰：「一飽之恩，當以此相報。」未幾成祖哲王義師東出，軍次得客感，急召禳之。應符而愈，錄其功。光興間駕乘中都，命掌鎭武觀，住持法事，皆其子孫。黃舍尚書某公北使辰，奉梓潼帝君像南還，權安觀之前堂，再遷黃舍山頂。尋奉降乩曰：「安南文獻之邦，我當以一六等日賜士子夢，原像自當北回，毋溷我爲也。」會北客船來，隨在詢訪，公遵命還之，卽其遺跡，塑新像奉祀，今鎭武觀前左，首幞頭補服是也。歲遇大比，四方士子，多齋沐詣觀祈夢，報應如響。黃舍山寺亦然。

【三四】浴翠山

松年

山在清化長安，山臨雲牀江，上有塔曰靈濟，李朝廣祐七年造，陳開祐重修，張公漢超爲之記。景興中起離宮，以備巡幸，因山勢建設，間以人工，制極宏侈。王御製，及從臣應制，並勒石。平南辰，駐蹕于此。鼎革後，宮廢爲長安糧場，塔亦頹圮，故碑今存。記曰：「吾鄉多勝景，少辰遊覽，足跡殆遍。常舍舟登此山，拊其岸碑，剝苔，認讀，則知故塔乃李朝廣祐七年辛未所建也。及陟嶺岑，上層巔，但見殘磚廢址，委翳于幽叢亂石間，不覺愀然長慨，何興亡成敗，纔二百數十年，遽成陳迹，將從而磨滅耶！又有作者否耶！自有宇宙，便有此山，登臨而同盡者，不知其幾也。爾後客四方，仕宦于朝，備位台省，天涯舊隱，辰復夢中游耳。方卽位之二年冬，余在京師，山僧知柔跟門告曰：『重建寶塔，粵自開祐丁丑臘，六週，今畢工矣，願公記之。』巍巍功德，不可思議，有所報應，亦復如是。初瞻辰，僧德文夢千餘人集山巔，其中三貴，相貌殊異，語曰：「汝等當知造塔，是極勝。」及下，半日，僧德淵又夢竹林普慧尊者，結印安鎮。又僧德淨、德明前後砌塔門路，摧落大石，人與石俱訇磕，數仞而下，觀者駭散，以爲粉碎且盡，及倒地，扶起，無損傷處。塔成四層，夜放光明，散遠近咸覩，凡此類者，無非我佛神通力也。且柔聞之：昔阿育王役鬼神，造八萬四千塔，瞻禮者如冥親佛，杖頭刻塔，亦彌妖氣，跨海浮屠，俄隨霧隱，事非怪誕，今古同符，請刻于石，傳信來世，永托茄藍景界，用爲會試津梁，無乃不可乎？』余謂：『釋迦老子以三空證道，滅後末辰多奉佛教，皷惑衆生，天下五分，僧刹居其一，廢絕彜倫，虛費財寶，魚魚而遊，蚩蚩而從，其不化爲妖鬼奸軌者幾希？頗其所爲惡，惡可？雖然，師乃普慧侍者，深得竹林法髓，律身苦行，有蔑三條，且張空拳，成大手段，念其躋雲根，累拳石，由寸而尺而仞，步進一步，重高一重，以至屹然特立，勢倚穹蒼，增關河之壯觀，與造物而同功，豈滔滔閉納者，可同日語也。噫！後此者，又幾百年，俯仰變滅，重有發予長慨，無柔等輩人，何可必也？若夫翠巘蒼波，江空塔影，日暮扃舟，飄然其下，推篷傲睨，戛舷而歌滄浪，遡子陵一絲之清風，訪陶朱五湖之舊約，此景此懷，惟余與此江山知之。』紹豐二年癸未，遣入內行遣左司侍郎兼諒州路經略使遯叟張漢超升甫記。」

【三五】 桂塢阮氏祖墳

敬甫

桂塢阮氏，先朝中興名閥也。其先祖家貧，廬田中，以牧鴨爲業。一日，子往視父，失所在。得書，啓視之，知爲北人發窖者所殺，剖心以祀其鬼，瘞于廬邊土阜。且囑之曰：「此吉地也，勿改卜。」其子痛哭，封土而返。後果出名將，以驍勇稱，然多不善終，人以爲風水所致。

永祐間，其孫德素以將軍討賊，臨行，授旗印其麾下曰：「歸納諸朝，我必不返矣。」與賊延遇，怒馬獨出，酣戰者久之，馬跌爲所殺。延賊至，靈寧舍人阮公邁之後，膂力絕倫，一飯四歲塥，少習武藝，與將軍齊名。延喜曰：「吾無對手矣。」訃聞，朝廷軫其節，追封福神，官其子德仲、德暎。雅南之戰（在安世縣，辰與賊阮有求遇。），德暎乘象督兵，復右臂幾折，裂袍束之，麾兵復進，賊寇礮擊之斃，贈郡公，爵平康。辰德仲官右將軍，逼賊壘，中流彈而卒，子德旺復領父兵，戰甚力，封北岸侯。景興末，隸順廣道，丙午五月城陷，亦以戰死。

【三六】雷　公

敬　甫

文江如鳳富室某，嘗販海中，爲風濤所覆，漂至一島。人盡醜黑，衣食耕作，與世人無異，某爲之傭者數年。一日，島中人語曰：「汝欲歸家，隨吾可也。」授以索，令閉其目，騰空而去，耳畔雷聲殷殷然。俄絕索墜地，視之其邑門也。趨至家，形狀悉變，家人不可復識，述之始信。今日子孫皆黑，人謂之雷公族云。

【三七】楊公暠

敬　甫

公東岸河魯人，未第辰嘗詣安豐眞武觀祈夢。神曰：「終身民項。」覺而悒怏，灰心場屋。戊辰會試，隨鄉塾師某監生赴京；甫至三場，監生歿，公冒其名入場，行文；諸貢士喧言，有冒舉人入試，場中擾亂。此舍人阮生惟曉，尙書公惟辰子也，起謂貢士曰：「三年大比，掄才盛典，是非自有公論，各趨前程可也。」貢士帖然。榜出，公合格，事聞於上，廷臣欲削之，議未定。辰阮公惟曉中，客往賀，不納，其父尙書問之。對曰：「以楊某奇才見黜，故悶甚，不受賀耳。」尙書公強起之，趣駕請于王曰：「楊公暠試禮部八穀，豈不能循鄉校中格乎？科目務在得人，何拘成法。」王從之，許入庭試。賜第二甲。後題碑改正，脚注民項，神果驗云。

【三八】　阮公登鎬

松年

公仙遊懷抱人，跌岩不檢，犬肉醇酒外無所好，性甚倨，不可一世。殿試日，宜魁多士，爲朝廷所抑，寘第三。立朝言無諱，累被貶黜。册封使來，頓昌江驛不進，遣世子錦一方，大書「乾」字，舉朝不能解，特旨召公入。對曰：「小小啞謎，不足瀆宸慮也。」命筆濡濃墨，畫一笞之。使隨介至，上問故，公曰：「乾象三連，得一則成王耳。」充貢部正使，過一館，棟宇煥然，伴送索題額，書「虫」二字，北人叩之，笑曰：「風月無邊也。」聞者驚服。公事竣，請閒，瓢笠杖履，往來泉石間，悠然忘返。嘗乘月登欄(爛)柯山，一鼓向盡，顧無人。山間插二杖，小繩絙之，一道者偃其上，鼻息齁齁然。公異之，長跪以俟，約更許，道者起坐曰：「子非懷抱採花賊？」公叩首諾：「願舍人間事，從眞人遊。」道者輪指一周曰：「子有數無命，毋徒自苦。」公固請。曰：「三厭五葷，犬肉其一也，能戒諸？」曰：「能」。收繩約杖，命公荷。從之，歷涉山川，頓非舊時光景。向午，抵一市，狗肆中香肉撲鼻，饞火不可遏，請一飽而絕之，道者可。代操繩，命之入，公大嚼而出。道者曰：「余陳圖南也，子有數無命，毋徒自苦。」授牛醫一方，倏然不見。拭目細認，則內裔梂林市，去爛柯里許耳，惘然自失者久之。

【三九】　裴公輝璧

松年

景興壬寅，奠都王童年卽政，遠近恟恟然。十月二十五日，三府兵作亂，擁立故王元子棕，是爲端南王。裴公輝璧在政府，多方綏輯，中外粗定。辰下陵上替，朝綱日就墮弛，公憂之，往往立朝嘆息，嘗以文哭權府胡公仕棟云：「朝廷之上，政事不治，重之水潦螟螣，猶望公之或能起救其弊也；今公不在，則我未得避其賢以養其愚。」蓋情見乎辭也。一夕，夢毅祖殷王，命駕遊山，公跪啓曰：「國事不可爲矣！惟先聖王爲社稷計。」王太息不語，指山下，視之肉山血海中，冠裳輿皂，枕藉不可枚數。累啓避位，不得請，未幾國亡。

【四〇】報天塔

松年

報天寺大勝資天寶塔，李聖宗辰所建，製十二層，高數十丈，世傳「安南四器」，塔其一也。明宣德間，先朝太祖皇帝，進兵圍東都，守臣成山侯王通毀塔，製石礮爲守城計。先朝因其址，築土山覆之。鼎革後，寺廢而爲報天市，山爲法場。甲寅年，發塔址磚石，修昇龍城塔。址開，四門分立金剛像八尊，其餘仙人鳥獸，以及几榻器皿，不可一二數，皆以石爲之。花磚片片，鐫「李家第三帝龍瑞太平四年造」等字。余辰有詩云：「李氏故基成茂草，太平遺號委殘磚。」蓋紀其寔也。（皿器：瓊林寺、普明鼎、龜田鐘、報天塔。）

【四一】仙郡主

明王正妃愛女仙郡主，故皇太子維禕所定也，未笄而夭。既歛，追冊皇太子妃，成服于保姆遼公夫人外第。前一日，太子具服宿喪次，夢黃衣謁者，引入王府，樓臺姬侍，比人世十倍。茶罷，庖人進饌，絲竹合奏，談敘移辰。命下帳，申繾綣，枕上謂太子曰：「受命帝所，與殿下有夙世緣。頃以妃母涼德，卒告歸，不能終奉箕帚，相聚不遠，幸毋以妾爲念。」既覺，酒氣微醺，餘香襲衣，召保姆語之。服飾豐儀，與平生辰無異，毋何，太子卒及於難云。

【四二】賣炭　敬甫

故阮亡辰，遺臣隱居不仕，以賣炭爲業。途遇官軍，國老黃公見而異之，命賦國語嘆詩，某即矢口云：

無梗乾坤千秋傳，反轉答問嘆息間。沽名豈可同實踐，怎奈不勝本質源。拈香祝天祈全節，瞻看鐵石永長安。恨污羞辱存異志，天涯漂泊添饑寒❶。

公極嘆賞，賜錢五緡，某不受，徑荷擔去。按故阮遺臣公詩什甚多，不能備載，姑錄一二于此。一律云：

誰分誰合未之何，南北從來是一家；盪讐官軍歌鼓角，奔逋臣主泣山河。皤皤白髮歸何所？耿耿丹心矢靡他；寄語皇天如悔禍，肯教蒼赤陷兵戈。

又一律：

二百年來席久安❷；逋隸有情顒聖武，具臣無口罵權奸。不能絕頂夷齊鬼，何忍新階溥質官；尚有先公遺澤想，故寧殷義似周頑。

又一律云：

當初恨不死忠貞，千里羈臣趁玉京；箕子西行悲麥秀，文山北渡嘆洋零。關河擧目鄉情重，鍾鼎擡頭世味輕；遙望宋山河處是，吾先烈祖舊墳塋。

一女流落京中，入喬岳阮侯兄第，賦詩一聯云：「來可亡吳傷浣婦，去能存楚愧包胥。」侯聞而遣之。

【校勘記】

❶ 此詩原為喃文，今譯作漢文。

❷ 此句原註「闕」字。

【四三】范君湊

敬甫

范君湊，東關黃舍人，東閣幼子也。少穎異，博極群書，文章宏放，道考賦遇合眞君臣，有一聯云：「白帝灰興復之心，創業之功未半；五丈洒英雄之淚，復讎之志難伸。」考官奇其才，擢寘上列。

永祐間，東閣公以外舅阮公沆故，遯入鎮寧，從皇宗維祝、維䄎舉兵。戰被執，朝廷數之曰：「子科甲中人，何故從逆？」公笑曰：「名分不明久矣！順逆安所辨乎？」張頸就刑，君以此廢錮，沉酣自放，屏妻子，不事產業，徜徉山水間，遇得意輒縱飲酣歌，悠然忘返。辰國老完郡公阮公俒好道書，意君有仙術，延問之。笑曰：「公宦海浮沉，不可教也。」國老公默然罷遣之。

景興末，人有遇於青河市中，敝服徒跣，行吟自若；與之酒不辭，與之錢則受而撒之，使群兒拾以爲戲。邑宰聞之，邀至家，不粒食，惟酒無量；睡則泥足而臥，請濯之不肯，留數日辭去。鼎革後，不知所終。

【四四】武公鎮

敬甫

尙書武公鎮，青威敦書人也。少倜儻不羈，遊學東岸之鐵甕，邑門一妖廟甚靈異，公嘗侮之。夜就讀書，一女子縞衣玄裳，冉冉而至，坐案傍；公意其懷春遊女，執筆虛書「捉縛」等字以戲之，隨抱其體，倏忽而滅，放手復如故，始知其妖。女默坐移辰，不能去，祈公脫之，公不肯；

鷄鳴，女哀請曰：「幽明異路！何相迫至此，獨不見牛渚燃犀之事乎？」公許釋之，問前程。女曰：「輕洩天機，獲罪不小，然不公隱也。公異日兩國東閣，願勿相忘。」公諾，向空書「解」字，女忽失所在。少間雷雨大作，居人喧言妖廟已燬矣。後公登保泰甲辰科進士，東閣應制中格，奉北使。旅庭日，東閣應制，再中格。感其言驗，每食輒虛置杯箸以祭之。公立朝，鯁直不避權要。景興間，官至御史臺都御史。辰署府鍊郡公杜世佳以潛邸舊臣，王甚寵用，爲政頗專，公請斬其首。王器其直，致仕，贈尚書。

公女嫁平礎蘇公世輝子，聘定，公子歿，女歸蘇家執喪。既而母某夫人愍其少，諷使再嫁。女曰：「從一而終，婦人之道也，容恤其他？」姑某夫人亦勸之，女誓不允，以壽終夫家。

【四五】阮公秩

敬甫

阮公秩，弘化月圓人也。少舉于鄉，久廢學。辰同縣渤泰中式某，博洽能文章，自負其才，以爲青紫唾手可得。有一叟客縣中，善堪輿術，常詣某家，謂曰：「老夫慕君才學，有一地發今科進士，欲以爲贈。」某曰：「科第吾所自得，何必風水爲也？」叟默然去。抵月圓，訪公，亦以此告。公謝曰：「富貴人所同欲，顧某術業荒廢，何敢望此？」叟笑曰：「進士由讀書得來，不爲奇也。」留數月，公事之甚恭。叟竟予其地，命取書籍悉焚之，人皆訾其妄。是科會試，公勉強治行至京，與所善諸生共舍。一場二場，資其力，得中；三場，拾得片紙，依樣寫之，亦中；終場，前數日，同舍生出街辨入場需用。公在寓，書寢，夢神語曰：「姜姜。」覺而悟曰：「姜與薑同音，必生薑也。」遂齎入場。辰春凍甚，公號舍中無事，向火煎湯，以避寒氣。日向暮，傍一生展轉呻吟，腹痛大作。聆之，渤泰中式某也。公携薑湯飲之；少間，某出其卷示公曰：

「此僕得意文也，幸未題名，願以爲報，望兄負出，死無遺恨也。」公如其言，出場，某病復發而死。既而公中格，都邑喧傳，事覺，罷庭試。久之，授以進士，釋褐官，自是遂爲常制。

【四六】武公瞰

松　年

景興中，故皇太子被廢，囚于內臣韶郡公私第。中式武公瞰，探花公晟之曾孫也，扼腕茹痛，糾合義士，謀反正。事覺，刑于東津；近親故友，懾息不敢顧。良才鄱溪監生阮蓮携酒與之訣，酒酣，賦詩贈蓮，有「一身自任綱常重」之句，引頸就戮，蓮經紀其喪。昭統丁未追贈王爵，官其養子昊，議建祠旌之。已酉，鼎革，昊從燕臺，竟死於羈靮，僕以喪回。

【四七】拙公禪師

松　年

爛柯山佛跡寺，李英宗辰崇修，紺宇珠甍，連絡山谷，有諫者，帝輒笑曰：「此朕夙緣也。」先朝中興間，內地沙門拙公禪師駕海舶，載藏經三萬餘卷南來，登爛柯山，恍然有悟，因築室住持。居年餘，藏經半爲鼠耗；師復北，募經而南。李、陳之後，釋教復興，皆師願力也。

懷抱阮狀元公登道，少辰遊學，道經山寺，師輒具芙蔞款之。一日戲書「献」字于盒底而去，師邀之反，曰：「南犬合成，余固知子南士狀元也，獨不欲策名中朝耶？」公驚拜請教。師授書一卷曰：「此秘書也。崇禎、順治辰印本燬矣，子其記之。」既而公登第，奉命北使；旅庭之暇，辰蒙清問，援引古今，多出人意表。大皇帝嘉之，恩給優厚，如師言。師俗姓李，名天祚，與英宗諱同。眞身至今猶存，或疑爲英宗後身云。

【四八】 靈霞祠

松年

廣德西湖，京師勝處也，煙波浩渺，一望悠然。李氏諸帝，嘗命駕遊賞于此。一日，有村女漂帛水際，帝見而大悅，召詣行宮幸之。歸而有娠，生一男，容貌端正。年八歲，耆舊以事聞，召入內，備諸皇子末數。無何痘發，顆粒如蜀黍大，鱗比無完膚，脈脈不語，三月未收靨，國醫束手，莫可爲計。帝臨問，爲之歎息。忽奏帝曰：「謫降有期，不必重宸慮，皃行將去矣。倘蒙帝眷，幸卽去處，爲構棟數椽。」帝許之，卽請下帷帳，屏左右。一更許，披帷省視，見蛟龍一軀從褥下榻，蜿蜒而去；至靈霞湖畔，矯首古木陰山。覘者還奏，帝傳旨立祠，滾然入水而沒。累封上等神，與白馬祠並爲都大城隍。歲立春日，有司就祠下，出土牛迎春，歷朝因之。

【四九】 金蓮寺

松年

丁巳秋，偕阮石軒、阮敬甫、黃希杜遊宜蠶金蓮寺。威王內侍惠和尙住持遺址也。寺背珥河，西湖遶其前，煙波瀲灩，天水一色，殿前正殿各五楹。景興中移館使寺材構之，工製最爲堅巧。在首數岡，錯落湖水間，磚塔峙其上，松竹蕭然。後堂一像，冕笏文領衣，洗(冼)足而立，鬚眉如畫，傳云：「先朝威王御容。」辰寺中行童，方折野花進供；邀客小坐，庭除卉石相間，籬菊初黃，相與遊覽而返。噫！白衣蒼狗，轉眼茫然，觀者可以悟矣。

【五〇】 聖宗皇帝

松年

先朝光淑皇太后微辰，僑居國子監西南；湖水遶其舍，陰陽家以爲有天子氣。常以親故往來妃嬪間，太宗悅而幸之。歸遂有娠，應期育一男，天資絕異，少隨母雜處民伍，以文學名。太宗聞之，召見，封王爵。諒山厲德侯廢，大臣迎立之，是爲聖宗皇帝。卽太后故居，建徽文殿，旁構毓慶寺。初太后懷妊辰，夢至帝所，上帝命仙童降世，王安南國，以玉女下配之。童不卽奉命旨，帝怒，擲介圭傷其額。童叩謝，請賚良弼，帝指班列中一員俾輔之。頓首固辭，帝蹴其肩不許。夢覺，生聖宗，額間圭痕在焉。旣登大寶，尊母爲皇太后，累訪夢中人不遇，居常不懌。

太和初，濟文侯阮公廌得罪，女子沒入官，充敎坊籍。一尊女姿色絕代，年十七、八不能言，至是隨儕輩入宮侍宴，以啞故隅坐按拍。上甫登御座，女忽執拍而歌，餘響遶梁，彷彿鈞天逸調。上怪問之，舉止言動，與帝所玉女無異，納之後宮，册立爲長樂皇后。

光順四年，癸未科庭試，臚傳曰：「狀元梁公世榮入謁。」兩肩微側不正。上驚異，命謁皇太后；回憶舊夢，宛然。兩宮太悅，授翰林侍讀。預騷壇二十宿，酬奉詩什。具載天南餘暇諸集，及平南指掌圖。毓慶寺後訛爲華文寺，殿在其左，奉光淑皇太后神龕。中興陽德間，西宮皇太后重修看山寺，正殿右首奉神宗淵皇帝御容。鼎革以來，看山寺毀，御容遷於毓慶寺，今在前堂右楹，或訛傳爲聖宗像云。

題後

坐策興亡一愴然，無窮人世奈何天；鄭黎自作離膏蟹，莊惠爭誇得腐鳶。切齒烏南鵬郡劍，傷心燕北馬僮氈；那堪讀竟桑滄傳，此日還今又百年。成東丙申秋仲，後學庚辰會副榜光祿寺少卿桐江潘文心拜題。

桑滄偶錄　卷　下　終

女歌有云：「限饒自課天庭心，恃女負心情勢油。」

見聞錄

廖宏昌 校點

見聞錄　出版說明

武元亨，名貞（？～一八二八），字維周，又字元亨，別號蘭池魚者，北寧琅才春蘭人。年七十舉黎朝鄉貢，景興丙戌（一七六六）爲國威尹，後官至參知政事。昭統初（一七八七）曾傾家助軍事。後黎出帝奔中國，武氏未及隨行，遂隱居鄉間。此書元亨之表弟陳名瑠序謂「鼎革以來，屏迹湖山，獨居一室」，即指此也。嘉隆元年（一八〇二）被召，任侍中學士，後黎出帝骸骨返國，遂辭官，回鄉教學著述。嘉隆六年（一八〇七）出使中國，返國後與阮文成合撰皇越律例。後阮因事獲罪，貞亦被放，至明命九年（一八二八）始獲釋回鄉，旋卒。著有宮怨詩集、使燕詩集及見聞錄等書。

見聞錄可稱蘭池見聞錄，其中俠虎一篇末謂「此庚戌年事，余表弟陳名瑠往諒山見之。」此處庚戌當爲光中三年（一七九〇），書成於此年之後。據陳名瑠序，「是錄隱時所記」，按武貞於一八〇二年再度出仕，是知書成於一七九〇～一八〇二年間。顧名思義，此書爲蘭池漁者錄其所見所聞。錄中多次敍及故事發生時地，且記當事者，如前所舉俠虎篇，又蛇王篇末謂「時余爲國威尹，臨洮訓導阮權述其事，且云：「曾見蛇兒，已生三四歲矣。」」其它引述說支及祖輩見聞亦多，既有事實，又雜以傳說。篇末又偶有蘭池漁者之按語，討論所記事件人物。

此書似未經刊印，所見有下列二抄本：

㈠遠東學院編號A31抄本二卷，現藏河內漢喃研究所。前信如氏、陳名瑠及阮子敬序，次卷一目錄、正文，計十三篇。按卷二目錄及正文二十二篇。素白紙抄，半葉八行，行卅字左右。

㈡法國亞洲協會藏抄本，編號爲H. M. 2173。此本行欵格式一如抄本㈠，惟有增添若干筆誤處，顯據抄本㈠過錄。

此外據記錄，河內漢喃研究所藏編號A 1562及VHV1155兩抄本，因未得見，無從描述。現以抄本㈠爲底本，參校抄本㈡成此書。原本各篇不編號，目錄又先置於該卷前，現將各篇依次序編號，並合置於書前，以便翻檢。

書影

見聞錄

見聞錄序、

見聞錄者、參知政事、武元亨公之筆也、大而人物鬼神細而魚虫禽獸、目之所見、耳之所聞、事凡涉異者記之、書成以示余、命爲之序、余惟夫天地之間、何物不有、固有不常見不常聞之事、而不能使之常在、使不常見不常聞之人、皆得見聞、洪鈞予我以聰明、大塊假我以文章、有所見聞則傳之、亦以輔天地造化之所不及也、我越丁李以來、逾數千年、豈無一事可記、而正史之外無聞焉、有著述者、如摭怪傳奇、陋鄙蕪穢、只可供村學究床頭婆子讀、其不噎膈却走者幾希、此見聞錄非見聞、而嗷嗷然折辨其無有、可乎、且公之書、亦嘗見今耳目所聞見也、世途崎嶮、鬼魅載道、靈鬼惡魔非幻也、鬚眉面目、囁嚅妾婦、女化為男非異也、歌妓蓮湖、則紅粉飄零、黃塵埋沒、讀之者令人有薄命傷心之嘆、石炭古鄙列傳、則表章節義、扶植綱常、可為日用彝倫之之大教、豈徒為人世添口頭滋話嘴也哉、或曰若所言其迹則可、若夫公之文心史範、吾安得而窺其堂奧、曰夫藝之絶、飛潛可格、故琴之絶、可使遊魚出聽、蕭之成、可使鳳凰來儀、況文章之極乎、瘧鬼猶感杜 詩、鱷魚終屈韓文、則公之文章、真可使人共聞仙樂而覩鄉雲也、莫言全

會其旨趣、有能拾其餘滓殘唾、處處皆可得而為聲、遇而成色也、眞可為繡鴛之金針、點金之指爪也、瑠有所得而言、

表弟天台陳名瑠拜書、

心之思無窮、而耳目之所止有限量、帷之中、離婁無所措其明、百步之外師曠無所用其聰、況乎天地之大、古今之殊、而吾以藐然之身接之、其能幾何哉、聞所聞見所見、而不及乎其所未聞未見、悲夫、若夫曾參殺人、顏回竊食、其所聞見、有不可信者如此、亦猶不聞不見也、詩云、上天之載、無聲無臭、易曰、行其庭不見其人、斯其聞見之本歟、聞

所聞、以及乎所不聞、見所見、以及乎所不見、是非怪常、一以貫之、夫非深於道者、亮能識之哉、

海顛阮子敬肅書、

書影

見聞錄卷之一

蘭池漁者武元亨輯編、

目錄、

雷首坡、 芹海神、 蛇生、 海島仙、

阮瓊、 范員、 丐仙、 義虎、

産異、 再生、 女變成男、 偷兒、

阮歌妓、

見聞錄序(一)

見聞錄者，參知政事武元亨公之筆也。大而人物鬼神，細而魚蟲禽獸，目之所見，耳之所聞，事凡涉異者記之。書成以示余，命爲之序。余惟夫天地之間，何物不有？固有不常見、不常聞之事，而不能使之常在；使不常見、不常聞之人，皆得見聞。洪鈞予我以聰明，大塊假我以文章，有所見聞則傳之，亦以輔天地造化之所不及也。我越丁李以來，逾數千年，豈無一事可記？而正史之外無聞焉。有著述者，如摭怪、傳奇，陋鄙蕪穢，只可供村學究、床頭婆子讀，有識者對之，其不噎膈却走者幾希！此見聞錄之所以作歟？其書則搜神、齊諧，而事則有太史公筆意，然公作書之本旨，豈徒爲記事之見聞也哉！悲時❶憫世，移風正俗之意，往往見諸辭表。有語怪而不離乎常，有言變而不失其正，大抵寓勸懲之微旨，將使後之觀者，其善可爲法，其不善可爲戒，實有裨於世教，豈可以野史視之哉？公抱負經濟，時與道違，乃屏跡衡茅，不談世事，有陶阮北窗之操焉。是錄也，公之意見於簡編，然未足盡其文質之所底。余不才寡學，幸與公朝夕多所啟發，而知公之所蘊，有大過人者，使得時行道，文章事業，追跡古人，豈但見聞錄已乎！

姻眷　青威吳辰僙玄齋敬書

心之思無窮，而耳目之所止有限。重帷之中，離婁無所措其明；百步之外，師曠無所用其聰；況乎天地之大，古今之殊，而吾以藐然之身接之，其能幾何哉！聞所聞，見所見，而不及乎其所未聞未見，悲夫！若夫曾參殺人，顏回竊食，其所聞見有不可信者如此，亦猶不聞不見也。詩云：「上天之載，無聲無臭。」易曰：「行其庭，不見其人，斯其聞見之本歟！」聞所聞，以及乎所不聞；見所見，以及乎所不見，是非怪常，一以貫之，夫非深於道者，孰能識之哉？

海巔阮子敬肅書

【校勘記】

❶「時」字因諱而作辰，今回改，下不煩註。

序（二）

或問：「見聞錄何爲而作也？」曰：「見聞其事，而記之也。夫天地何所不有？耳目之所接，皆造物之無盡藏也，惟其知之，而能道之者鮮矣。我國文字，李陳以後，稍稍得見，其事則無聞焉。求之正史，亦多脫略訛謬。嗟乎！有一世之人，卽有一世之事，所見所聞，莫非義理，不有一世之書，則千百年之下，安得而考於千百年之前哉？此見聞錄之所作也。蘭池漁者，少時穎悟過人，下筆成言；鼎革以來，屏迹湖山，獨居一室，是錄隱時所記也。惟其事多希奇，求迹者似乎語怪，然宇宙之大，有常卽有怪，詎可管窺蠡測而辨有無哉！此可爲達者道耳。余讀是編，而深有得焉：歌妓、蓮湖列傳，憐佳人之不時，亦可寓才子數奇之嘆；石炭、古鄒列傳，表裙釵之大節，亦可托忠臣無命之悲；魚虎有義俠，鷄豕卽人身，斗室中握卷靜思，爽然大雄殿上，聽高僧說法，其補於世，豈小小哉！余偶過其廬，漁者出稿相示。再三披讀，不覺如身入桃源，見周秦千百年事，三復而略識文章妙處焉。夫不臨江、漢，不知水之深；不登大華，不見山之高；不見是編，亦安知天地之無不有哉！當壽諸梨棗，公諸見聞，余不獨喜是編之得傳，而尤喜後人之得見古人事也。

信如氏肅書

序 (三)

瑠晚生，學詩于公門。見聞錄脫稿後，出以示瑠，且屬爲序，瑠唯之而退，從命而不能贊一辭焉。公勉之者再，因轉自思曰：「此亦學而罷進之道也。」乃援筆而說曰：「見聞錄者，耳目所聞見，而記載之也。公學問該（賅）博，贍溢汪洋，子史百家，無一不讀。鼎革後，晦迹田園，時亦遊戲筆墨，錄其見聞而爲書。其記載評論，馳騁韓曾鞭撻班馬，一掃近代蕪穢之習。益公之文章，出則爲池上鳳毛，處則爲湖山眉目，無顯晦而不行焉。」或曰：「子不語怪，中亦多有不經事！」曰：「天地之間，寰宇之廣，何物不有？事非見聞，而嘵嘵然析辨其無有，可乎？且公之書，亦嘗見今耳目所聞見也。世途崎險，鬼魅載道，靈鬼惡魔，非幻也；鬚眉面目，囁嚅妾婦，女化爲男，非異也。歌妓、蓮湖，則紅粉飄零，黃塵埋沒，讀之者令人有薄命傷心之嘆；石炭、古鄭列傳，則表章節義，扶植綱常，可爲日用彝倫之大教，豈徒爲人世添口頭、滋話嘴也哉！」或曰：「若所言其迹則可，若夫公之文心史範，君安得而窺其堂奧？」曰：「天藝之絕，飛潛可格；故琴之絕，可使游魚出聽；蕭之成，可使鳳凰來儀；況文章之極乎？瘧鬼猶感杜詩，鱷魚終屈韓文，則公之文章，眞可使人共聞仙樂而覩卿雲也。莫言全會其旨趣，有能拾其餘滓殘唾，處處皆可得而爲聲，遇而成色也，眞可爲繡鴛之金針，點金之指爪也。瑠有所得而言。」

表弟 天台陳名瑠拜書

見聞錄　卷之一

蘭池漁者武之亨輯編

【一】雷首坡

永祐己未年，錦江縣有一婦人，同夫販冥金者，暮至雷首坡，適大雨傾盆而下，村落遠敻，莫知投止；昏霧冥黑，不知路徑，匍匐共憇於榕樹下。

電光閃爍，瞥見大第，相攜奔赴，則周墻峻矗，門限隆聳。乃叩門，哀乞投止。聞隔墻人言：「大人公事遠出，容我稟夫人納之未晚。」刻許，聞婦人語曰：「夜深雨驟，教渠何之？」即見門扉大啟，暗中有人語云：「失路人進。」二人乃俯僂而入，見武卒數十，列戟而坐，堂上燈燭輝煌，陳設壯麗。夫人年約三十上下，倚屏而坐，婢媼侍立左右。二人釋笠而拜，夫人慰問，因命設食，殽饌豐腆，但氣味涼薄不適口。食已，設簀於東隅，命之臥，且戒之曰：「夜如有所見，但寐無譁。」二人不知所謂，唯之而已。夫人起，二人困倦亦睡。

夜將半，聞車馬喧闐，披衣竊覘。見一丈夫，峩冠絳袍，從轎而出。夫人迎問：「何事晚歸？」曰：「修橫死簿纔完耳。」問：「何處爲甚？」曰：「海陽京北爲甚，西南清化次之。」顧見屋側臥人，問：「何處來，得無漏吾言。」夫人曰：「晚間避雨投宿，想亦睡矣，無妨也。」二人歷歷聞見，蒙頭假睡，慑不敢動，久之寂然。繼聞鷄鳴，鴉噪曉色，穿衣起視，則四顧無人，身臥土堆旁，芭蕉雨下，葉如禾結，驚駭而歸。

次年盜劫蜂起，重以惡疫，餓殍塞路，東北被害尤酷，果如前所見云。

【二】芹海神

義安芹海門，奉四位聖娘祠。相傳宋祥興崖山之敗，楊太后及公主三位，赴海殉節，風飄至芹海門而止，浮沉數千里，顏色如生，洪浪巨波中，終不分析。寺僧覩其衣服，異而收葬。後靈蹟顯著，士人爲之立祠，列在祀典，爲本國靈神第一。

數十年前，村人造石馬二置祠所，其邑長忽夢聖娘面諭云：「邑民造石馬匠殊拙，今海神造宮，彼處石匠頗工，我將取去，煩他雕刻。」及明，述所夢，村人所見皆同。

數日，江水暴漲，祠所石馬忽失。旬許，復見於舊所，安置不失尺寸，細視則毛鬣蹄尾，皆極纖巧，見者皆知爲鬼工云。

蘭池漁者曰：宋史楊太后聞帝昺崩，撫膺慟哭，自赴海死。張公世傑葬之海岸，則飄來我國者誰也？然攷楊太后殉節時，乃在張公十六舟維斷之後，倉卒中恐未便相值，或作史不忍以貞魂烈魄沉沒於波濤為書，故特撰此筆歟！

又本國口傳：「太后、公主飄來時，寔未死，寄食于寺僧。後僧起邪心，將行不禮，太后、公主乃跳海而死。僧悔恨，亦從死。至今廟中以僧附祀。」噫！是何言歟！太后聞崖山之變，慟哭曰：「我所以間關至此，為趙氏一塊肉耳，今無望矣！」味斯言也，其不肯偷生於蠻荒，寄食於賊禿也必矣。或者太后棲於此，邑人祀之，以僧司香火，後因併祀之，如真武觀老監，何如耳！大約我國事無記載，村翁村嫗以虛傳虛，而不覺其謬云。

【三】蛇生

山圍縣一婦人阮氏，與夫某，築室山下，枕岡而居。一日，婦於山下採樵，久不返。夫怪之，徑往搜覓，至一叢莽，見其妻赤體臥石上，巨蛇蟠之，牙甲獰惡，其大如桷，夫駭愕而返。及暮，婦竟無恙而歸。夫問之，秘而不言，夫歷叙所見，婦始忸怩曰：「妾採薪至叢所，倦而少憩，忽見美丈夫突來相迫，力與撑拒，四體如縛，遂爲所輕薄，恐爲君怒，不敢以告，然謂之蛇則妄矣。」

後月餘，阮氏與數人往市，途經山徑，一蛇突至，其疾如風，擁婦而去，同侶驚走。及婦歸，夫問之，對如前。自是不與婦同枕席。既而婦孕，滿月生一男，亦無他異，但皮膚黑如漆耳。

時余爲國威尹，臨洮訓導阮權述其事，且云曾見蛇兒，已生三四歲矣。

【四】海島仙

清池人阮祿，結夥數十人，雇舟浮海，如廣安、萬寧州商賣，歲數往來。一日，舟爲風飄至海島，山上草木苓蔚，山下平丘數十畝，細草如茵；一鹿從莽中出，相與持篙挺，披藤葛而逐之。祿獨行深入，迷其出路，忙遽間，山中猛虎十餘，跳躍而出。祿大驚，攀木而上，解帶自繫。虎望木而號，林木皆震，祿惶戰幾墮。頃之，虎散去，祿懼不敢下。忽聞隔樹有人笑聲，意是鬼魅，駭甚，自分必死，心生一計，不如往而相見。乃解帶整衣，徐下數十步，見石盤丈許，二叟圍棋其上，有小奴行茶，上列梨棗等品。叟且酌且棋，殘核滿前，似不知有祿者。祿再拜求指迷路。叟顧奴折一枝與之，曰：「持此行，舟在面前矣。」

祿辭，出林數步，則舟在焉。同侶皆驚曰：「我等逐鹿，忽値猛虎，奔竄歸舟，獨不見君，自謂必塡虎喙。此處去泊不知幾百里，且隔兩宿矣；君從何來？得無異物耶？」祿具述所遇，衆皆驚異。

【五】阮瓊

弘化渤上人阮瓊，弱冠舉於鄉，文名甚藉。性儻倜不羈，尤喜詼諧。常肄於國學，連居優項，頗自得。

一日朔課於堂上做文。一年少書生❶，丰姿俊異，援筆微思，連寫數紙，滔滔不竭，日未晡，藁已脫矣。瓊方苦思索，驚嘆其敏，借觀全藁，則文思瞻麗，皆己思不能及者。擱筆叩其姓名，曰：「海陽賤士，初遊長安，借寓城外，卑下賤名，不敢瀆尊聽。」相與談笑，則學問賅博，扣發如響。瓊素負重名，渺視同輩，至此不覺聳服。請生過寓，生辭以他冗，曰：「兄如不棄，三日後，可於廣文亭相俟，時臨寒寓可也。」告別而去，更不交卷。

至日早，瓊如約詣廣文亭，則此生先在矣。相見歡甚，握手同行，約出城外里許，斜徑數十步，見一書堂，雙扉緊閉，彈指叩門，老僕應門，肅客而入，几席燈釜之外，竟無別物，亦無筆硯書籍。瓊怪問之。曰：「無心仕進，不學雕蟲技也。」問：「前日何以做文？」曰：「久聞大名，欲唱素陽，恐涉唐突，試一揮洒，求伯樂之顧耳！」坐談良久，命僕設食。少頃食至，脫粟二碗，菜羹脯肉而已。日昃，瓊辭歸。生曰：「窩居寒陋，不敢彊留高賢。」出袖中錢二十四文贈瓊，曰：「後會難期，聊助兄前途酒漿之費。」瓊笑曰：「京寓相近，方與朝夕，何得爲此長別語？且歸途咫尺，安用程儀？」生笑而不答，彊以錢納瓊袖，相送出門，珍重而別。回顧則群山蒼蒼，羅列前後，身在白雲松樹間，屋舍都無。

尋徑而下，途逢野樵，問之，則海陽鳳凰山也，去京二百餘里。歎異而返，探其袖，贈錢猶在。方慮途間困乏，然氣力倍長，又不覺饑。茶酒之費，時用數錢，顧盼，錢又在袖中。三日抵京寓，錢從失所在。

【六】范 員

范員，義安東城人，父質，登進士，員其長子也。生而秀異，讀書過目成誦。常讀列仙傳，心慕之，遂屏去經籍，專學吐納之術，久之若有所得。

二十餘歲，父質沒，服闋，員入山不返。時或托形遊戲，然蹤跡隱秘，或去後方知，或眼前物色，已失所向。

嘉遠村翁某延師訓蒙，一生徒踵門自薦，翁議束金，生徒曰：「某無家居妻室，須金何用？溫飽足矣。」翁延之西席，循循善誘，雅有師範。旁村聞之，就學者十數。先生來時，只著一破褐。居館年餘，冬夏未嘗改，亦不曾澣濯沐浴。諸門生醵錢製一布衣以贈，先生受而寄諸翁，亦未嘗著也。又年餘，先生辭去，翁怪問曰：「曩言無家，今忽何往？」曰：「昔謾言耳。爲客日久，童僕懸望一歸省耳！」翁大集諸生祖餞。先生曰：「今將長別，前贈衣取來一著。」半晌復解，以授諸生，曰：「數年後，邑有火災，持衣呼我名字，將來救汝。」門生請其名，曰：「我范員也。」問：「師今何往？」曰：「野鶴閒雲，那有定所？」諸生再拜而別。中有姓阮者，緊請隨行。范笑曰：「能行固佳，只恐前途崎險，五十而廢耳。」阮堅請，矢必從，先生許焉。約行五六日，時止山洞，時泛海舟，范所止宿，皆道士羽客款待。阮問：「師家何所？」范但笑云：「尚遠。」又數日程，前望一山，有水環焉，至津畔，惡霧密布，水中鱗蟲奇怪，不可名狀，溪澗數丈，游泳都滿，阮驚駭却走，范曰：「過此即我家也，行也無懼。」阮吐舌不敢。范即攬衣大步於黿背蛇頭，跨足而過，隔岸呼阮，又返携阮手。阮泣曰：「師仙人也，固無患；僕凡骨，效之必飽湶口矣。」范曰：「爾盍歸乎？」阮哀訴迷路，求范送歸。范曰：「已來此，豈有歸理？子自歸可耳。」卽以杖授阮，使之騎，如小兒竹馬。囑使瞑目，曰：「及地乃開也。」攬竹杖騰空而去，瞬息及地，已在村外。抵家訪之，已二年矣。顧竹杖，已失所在。

又數年，有山賊漫出，其村爲賊所焚。火起，村人持衣竄于野，高叫「范先生」。忽然風雨驟至，雷霆交加，群賊駭散，火亦消滅。村人乃櫝其衣，歲時祀焉，香火不絕。

【七】丐仙

村人阮乙，少時失怙，恃養於兄。兄甲貪吝不悌，嫂亦惡悍。乙旣長，拆居，其父資產，盡爲兄有，乙但得薄田破屋而已。傭樵自給，年二十餘，貧不能娶，兄不之顧，弟亦不之求也。

傍村有富翁，乙嘗傭田其家，久之相熟。富翁有荒地，乙請往居，遂典所居業而去，自是與甲益遠，歲時亦不相問。乙貧而好善，遇貧窮分與之。一日，出傭暮歸，見一人當門而臥，撼之，呻不能起；燭之，則老瘦龍鍾，目垢鼻涕，羶臭異常，嘔穢便溺，支離門限；扶而問之，云近村人，貧病乞食，暮至此困倦，求借片地，甜臥通宿，乙開門携入，贈以湯水。叟少醒，鋪枕席使坐臥。炊熟，喚叟同食。叟病而善飯，喫至斗許，尙啼饑。乙推食與之，良久摩腹曰：「飽矣。老夫之子不孝，不能順，我誠能有子如君，我願足矣。」欠伸而臥，息聲如雷，醒則咳唾，嘈雜終夜，乙無慍色。明早叟起，乙又爲設食。叟止之曰：「君好善，不應貧，一飯之需，不可不報。」因以杯承鼻，顧謂乙曰：「取杓柄打吾鼻。」乙不肯，叟固命之。打數柄，血出，乙駭止。叟曰：「且打。」血止，則金溢出滿杯。叟曰：「守此可富矣，努力行善，勿替也。」乙驚異，拜伏，舉首則叟去矣。

乙得金，仍秘之就富家借貸，托言商賣。囊金赴都，售而歸。歲三四往，盡金之半，得錢巨萬矣。乃辭翁歸，贖其舊業，漸置田產，畜婢僕，壞舊屋而新之，富甲一鄉。又就兄求議婚於世族。

初，乙歸謁，兄嫂泛然待之。及聞其發跡，怪之，往視，則敝廬改建巨屋，將落成矣。宅旁東家，已買為園，工人奴僕，搬運木石，聯絡不絕。兄嫂駭問故，乙細述所遇，兄嫂歆羨不已，細問叟年貌，隨在物色。歲餘，自外歸，適一翁黃冠敝袍，俯僂而過。甲夫婦爭挽入室，迫之上坐，不暇問所從來，殺雞為黍，斫魚調鱠，給奉甚厚，翁跼蹐不敢當。甲夫婦禮待愈恭，且曰：「畢仙翁鼻孔，弟子一生喫著不盡矣。」翁不解所謂，但辭以非仙而已。明早翁辭去，更無所贈，甲羈不放，又大釜置翁面前，取巨槌向翁鼻。翁大駭遮避，甲曰：「仙翁無識，弟子不求多金但滿此釜而已。」即令妻反接翁手，力槌翁鼻，血出大喜曰：「果如叔言，金將至矣。」連槌之，翁齒落，大呼救命。鄰里四集，不知所以，問甲夫婦，則恚不應，問翁始詳，然亦不知前恭後倨之故。

翁近村賣漿人也。甲平日慳吝，舉村所惡，或奔告翁兒，兒隨至，見翁被甲打大怒，即曳翁並甲夫婦見官。官按律重打甲夫婦，而追償謝錢如律。

【八】義虎

東潮縣穩婆陳媼，一夜聞叩門聲，開視無所見，顧盼間虎突來負媼去。媼初悸幾死，稍醒，覺虎以一足抱於懷，行如飛，遇蓁莽荊棘，則以手披路，徐行至深山叢莽中放下。見一雌虎搔地而滾，媼以為將食己，慄不敢動。久之，雄虎以手引媼，視雌虎而涕。媼細視雌腹中，有物蠕動，知其臨產，適有催生藥藏衣帶中，乃以溪水調飲之，又爲按摩虎腹，頃而虎產。雄虎喜弄其子，雌虎委頓伏臥，若不勝倦。雄〔虎〕於樹旁，以手跪地，掘起白金一塊。嫗知贈己，取之。雄虎徐起行，回顧嫗。嫗隨之出林，數步，天將旦，嫗舉手曰：「山君請歸。」虎猶俛首搖尾，若相送者。嫗行稍遠，虎大吼而去。嫗至家，秤金得十餘兩。是歲饑，嫗賴以活。

諒江樵某於山麓劈柴，遠望前山凹處，草木震動不止，提斧往視，見一白額虎，俯首搔地，跳躑上下，時以手探喉，開口如箕，涎血流溢。熟視虎口內，有橫骨在喉間，虎掌大，愈探愈深。樵被酒膽大，於樹上呼曰：「汝喉痛耶？無噬我，我爲之出骨。」虎聞之，伏地開口向樵，若求救者。樵徐下，以手探虎喉，出牛骨，大如臂。虎舐吻，行且顧樵而去。樵呼曰：「我家在某村，得野味好相記也。」樵歸後，一夜，聞門外有聲長而厲，明早，有一死鹿在焉。後十餘年樵老死，臨葬，虎突來墓所跳躍，送喪者走散，遙望之，見虎以頭觸棺大吼，周走數匝而去。此後，每屆樵忌日，虎輒致羊或豕於門外。

【九】產異

廣安萬寧洲一婦人懷孕七八月，遘疾而沒，其家貧，不能具棺，槀葬郊外。村中一嫗，素與婦人熟，於村外設棚賣茶，與婦塚隔一望地。數日後，見婦携錢買糖糕而去。嫗望之，及墓而沒。僅十日，嫗問買何爲？曰：「初產苦無乳，兒啼不可耐，用哺兒耳。」嫗告諸其家。次日，其夫往探之，傍午果見婦來，問之，不答而走，轉瞬而沒。夫就墓所，聞塚中隱有兒啼聲。發塚見男孩，胎臍未斷，覆臥婦上，輾轉而啼，口中猶有殘餠。乃抱兒歸，乞乳於鄰里。人皆以屍產，避不敢近。父哺以粉粥，兒長成，無他異。

【一〇】再　生

東山縣陶生，農家子，丰姿俊異。父母使之讀書，甚慧。十六七歲，具舉業。家貧，不能延師，別村有舉人某設館，生往受業。所居鄰翁有一女，與生年紀相若，色頗麗。途間相遇，生以歌辭挑之，女笑而不拒。

一夕，生讀書，聞鄰家機杼聲，往窺，見女於燈下獨織。生以指彈戶，女問之，生低聲曰：「東鄰生也。累蒙青眼，今深夜人靜，願得燈前一晤，以寫渴懷。」女曰：「鄙質與君日時相遇，非不相識，但男女有別，瓜李之嫌可畏也。」生固請，語漸狎，女曰：「君讀佳士，妾亦閨女知禮者，君如不棄，盍委媒求之妾父母。今若苟且，萬難從命。」生知不可彊而去，求媒請諸翁。翁嫌生貧，不允。生憤愧，乃赴京遊學三年。鄉舉高捷，歸謁家祠，往拜業師舉人某。使人探女，已於年前嫁村中富農矣，惆悵而返。至村外，見一男子，䄡衣荷笠而秉耒，一婦饁於田畔，近之則女也。生呼其小字，時生裝服炫燿，僕從森列，女初不相認，生曰：「一別三年，都老大，獨不記東鄰生乎？」婦投饁問訊，生具道鄉捷，且贈以芙蓾，洒淚相別。農夫問女：「此何人也？如何相識？」女道所以。農初見婦與人話，已懷妬意；及聞道所以，大怒，舉耒撞女，不覺失手而女殞。農大驚，負女歸，托言中風，槀葬之；翁亦不知也。

次日，生聞女死，怪之，夜往負女墓，忽聞墓中聲動。生有膽氣，發墓視之，見女屍微動，捫體尚溫，乃負女歸，命僕仍虛蓋墓土如前。女歸，半夜吐血斗餘而醒。生用藥調好，問知其故。時生未娶，且感女情，乃寄親友家，托言京中所娶，四五年人不知者。

一日冬季，女於近市買物，農適往，怪其似女，問之，知為生妻。乃潛發女墓，則虛棺也。農大怒，以生和誘其妻告於官。官問生及女，得其狀，乃責農而判女歸生。

【一一】女化成男

清化省轄有婦人張氏，年十八，嫁同邑阮某，數年生一男子。婦忽病熱，昏憒三四日，熱稍退，下體痛不可忍，昏睡一宿，遂成男體，而病自愈，乃爲夫別娶。歸家娶於外村范氏，生一女。張老，分產立長，阮某曰：「產合歸我。」女曰：「張翁我父也，阮某自有阮父，安得占張家產？」相爭不決，以質於官。官催張至，鬚眉男子也。問知其故，乃分產而兩之。

【一二】偷兒

嘉福縣春市，爲海陽都會處，商旅常宿其所，有店兩行住客。近村有一偸漢，綽號鎖猫，詭詐百出。各店每設大櫃，行客夜住，必納行李其中而加鎖焉。

景興癸未，一客宿其所，行李沉重，臨臥，店翁囑官客所携，或有錢物，可以相寄，此地偸兒頗黠，不可疎忽。客笑曰：「某有金，豈不能自守，何煩店翁留意？」卽於燈下出裝，燦燦白銀，鋪設滿席，約四五百兩。既復一一斂入行李，置床頭而寢。偸初於門隙窺覗，人定後，穿壁而入，伏床下，作猫捕鼠狀。良久，竟於客足傍作猫咬鼠聲，時以棘抓客足，客怒，以足蹴之，偸作鼠走狀。客微睡，又如前。客怒起坐，偸聞床動聲，知客已起，卽從床頭拐銀走。客候猫不至，伏臥，捫枕前銀失矣。乃呼翁點火，曰：「我銀被偸了。」翁咎客不謹。客顧店屋上，有一敝笥甚大，曰：「店翁勿慮，此近偸也，我丐此笥，宜點燈相待，少刻銀歸，無干翁事，只苦我今夜不得牢睡耳。」

乃携笱出門，登樹遙望，聞近村有犬吠聲，即隨到竹壘處中一室，燈火方亮。穿壘入，大開外門，就室窺之。偷方與妻，燈下點銀，歡笑，自謂高手。客披窗而笑，偷驚問是誰？客曰：「弟偷也，聞兄獲大利，來求分矣。」偷怒曰：「何處死奴，敢向虎口求分肉。」索杖去，顧妻曰：「爲我守銀，我往殺此奴也。」客佯走而伏，偷出，見門大開，遂奔逐。客潛入，以笱罩婦首，破箱取銀而回，客店燈猶在也。偷於大路奔逐無所見，返則妻方帶笱而臥，箱破銀亡矣。問知其事，始大驚服。

明早，客方梳洗，一人就前拜曰：「僕偷也，業此十數年，自謂無遺策。不意山外復有高山，請從君而學之。」客曰：「子所爲乃我少時事也，然思取人自肥，豈是正理，子思夜間得失，意味何如？我誓不爲此五年矣！爲君之故，不覺復弄技耳，君何必學也？今四郊多壘，男子當爲朝廷出力，我已隸都督府帳下，君能相從，當爲提拔。」偷曰：「謹受教。」遂別妻子而去。

數年後，有一等官軍歇翁館，審之，偷也。問之，曰：「已從都督府，以軍功補率隊。」問客，已爲山西參將。

【一三】阮歌妓

尚書溫郡公武欽鄰，四岐縣人也。父舉於鄉。公生而穎異，讀書做文，一教便了。母以過被出。繼母不慈，命公輟讀而牧。年十五六，授耒使耕，督責苛急。好衣美味私其所生，公則藍縷鮮溫飽。父亦不能庇，公不勝苦，委牛亡去。

沿途乞食，五六日，抵慈廉驛望社，有舉人設帳其邑，公登門乞食，且訴苦衷。舉人問：「知學能作詩否？」曰：「知。」遂給筆，命作會稽山水詩，公應筆成詩，有句云：「三聘未幡諸葛亮，一匡已卜管夷吾。」舉人稱嘆，給食，使與諸生讀。

二年餘，課業大進，塾中無對手。適社中春祭，窗友邀與看玩。鄉中士女，冶服遊觀，公則敝衣舊服，倚柱竊玩，惟恐人知。有一歌妓，聲色俱好，人爭看之，賞錢滿案。妓舞燈過亭隅，瞥見公，注視良久，如有所失，不能終曲，觀者謂妓感疾，不樂而散，公亦隨歸。

次日午後，妓詣公所，撫公曰：「英雄流落，至此極乎？」以錢及衣服贈之，珍重而別。自此，三五月間，妓輒來公所，或留宿，縫補炊粥，無異爲婦。公初遇妓，感而敬之，日久相慣，遂萌邪念。妓正色拒之，曰：「妾若淫蕩，天下豈少美男子？妾自分娼流，非其偶匹，塵埃物色，幸遇英雄，如他日不負，遂我終身之托；若淫汚相待，妾從此請辭。」公愧謝。年餘，公束裝歸，將應秋試，妓來相送，厚有所贈。別時公執妓手，曰：「隻身流落，偶爾遭逢，改衣授餐，既我厚矣。向來不敢唐突，今相別，願得鄉貫姓名，爲後會相尋之地。」妓曰：「君不負妾，妾自相求，倘事參差，亦是口頭話耳，何必盤詰？」

初公委牛而去，父制於繼母，不敢尋訪，久無音信，以爲必委溝壑。忽見公歸，問所學大進，甚愜父望。是秋，縣府考皆第一，省試連中選。父爲議婚於世族，公固辭，具以實告，誓不負妓。父大怒，曰：「爾自立，不遵父命。」公不得已遵命。次年，赴禮闈，妓厚禮待京寓，公慚不能言。妓曰：「妾知之矣，君不須言。君今萬里前程，賤妾不足侍巾櫛，命也。」自是不復見。

後公登第，在朝奉使，敭歷中外十餘年。時海陽有賊，帝以公土人諳熟，命提兵征討。賊平，以軍功封郡公，尋拜相，榮寵赫奕，對人談往事，輒嗟悼自責，使人求妓不可得。後公赴貴戚侯歌席，見一人按拍似妓，叩之果然。風塵滿面，丰韻猶存。叩所歷，十年前適太原藩弁。弁沒，妓無出，薄有私裝，歸故鄉，遭不肖弟蕩盡，携老母流落長安中，爲權門教曲，糊口度日。公大不忍，併迎其母歸，別館給廩。

年餘母沒，公爲經紀其事，葬訖，妓辭去。公留之不可，厚贈亦不受。固彊之，妓曰：「無緣作丞相妻，此等銀錢，安能有福消受耶？」妓山南彰德人。

蘭池漁者曰：「此女貞心豪氣，眼力亦明且大，無論裙釵中難得，卽鬚眉中亦不多。流落不偶，至此其極，豈才氣全備，卽兒女亦造物所妬耶？」

【校勘記】

❶ 底本原無「生」字，據一本補。

見聞錄　卷之二

蘭池漁者武之亨輯編

【一四】清池情蹟

清池阮生，丰姿俊逸，早孤。少讀書，家貧，不能卒業。邑近小江，生家素業操舟，習焉。舟人皆善歌，生聞而學之，數月，遂盡其能。風晨月夕，擊板而歌，聞者側耳。

江右陳富翁，有一女未字，聞生歌而悅之，倚窗竊視，見生貌不能捨，私托侍婢以巾帕贈生，且囑早委媒妁。生商諸母，母曰：「貧富懸隔，安可妄想？」生曰：「此女意也。」母乃以幣贄，挽鄰媼先容於陳翁，翁不允，媼固請，且盛稱生容貌。翁曰：「是棹而好歌者耶？吾知之矣。但室女醜陋，不堪獲此佳偶，幸爲我辭焉。」媼出，翁大聲曰：「如此門戶，如此嬌媛，豈宜有舟子嬌客？媒婆何愚之甚！」媼歸，具述之。生母羞罵生，生曰：「彼侮人不過恃錢虜耳，我捨舟藝，且看能作富家否！」乃拜母而去。

女知父斥婚議，失所望，因乘間盜翁金二百兩，使人贈生爲聘禮，聞生發憤先去，不知所向，暗自傷神，輾轉成疾，肢體瘦弱，腹中結塊如石，醫治不效，年餘而沒。臨終囑父曰：「兒胸中必有異物，沒後願以火葬而驗之。」父依之，火滅後，於燼中得一物，大如斗，紅如燕脂，非玉非石，清朗如鏡，錐斧不能碎，中有舟子倚棹而臥。翁追憶前事，始疑女爲生而死，悔不及，乃櫝而藏石於女床上。

初，生去家，孑身往高平，依鎭將爲幕客，以善歌見寵。年餘，囊稍阜，乃隨物低昂而居之。又數年，積金三百餘兩，曰：「此可得錢虜歡矣。」乃束裝歸，抵家訪女已沒。乃具禮往吊，禮畢，翁延坐。生請觀藏石，翁出櫝示之。生持而泣，淚滴石上，忽然氷裂淋灕，生衣袖間班班鮮血。生感女情，誓不再娶。時翁次女已長，翁致意於生母，請爲生婚。生遵母命，乃聘焉。

【一五】神　魚

廣南商某，富而好善，每年雇船裝貨，從嘉定抵順化商買。一日，船行海中，商某被酒，忤船主意。船主故盜也，乘夜推商於海。浮沉波浪，忽觸巨魚，自分必死，乃攀鬐而祝曰：「某是善人，爲盜所害，願龍王救蟻命。」卽見魚鼓浪而行，疾如箭，視魚長約百餘丈。夜半，見魚側身休止，商擧目視之，抵洞海岸矣。整衣再拜，尋路而行，面前有屯兵，問之，乃洞海屯也。叩門乞食，屯兵見商平日往來此路甚熟，皆憐而奇之，給衣食。船主害商分貨，順流而行，十餘日亦抵洞海，泊舟登岸，見商驚走。商呼屯兵捕得之，一訊具服。時余姨夫陳瑠爲屯將，理此案。

【一六】猴

陸岸縣村女某，樵於山徑深處，忽石窟中出猴數百，圍遶不放，竟以手牽女衣，引山上。女勢無所逃，隨之往。

行約更許，入石室中，有巨石如床，老猴踞其上，大如十五歲童子。見女至，喜躍，群猴啁唽，若相語者。少刻，群猴散去，留女與老猴。女初見猴甚怖，老猴携女就床同坐，餌以山果，久稍相熟，饑則向猴啼饑。猴不辨人語，携女至一室，有石窖，多貯豆粟。頃見群猴有持鉢者，有負堝者，負薪噴火，先後踵至。自是魚鹽及衣服，凡所需者無不備至，傍村民不勝擾。女思家欲逃去，老猴守護甚至。年餘，生小猴，防閑稍弛，女乞歸省親，泣涕不已，老猴仍遣群猴隨歸。

初，女不返，父母謂害於虎，遍搜殘骨不見。既而女歸，具知其故，乃集鄉人謀殺猴，佯設飯犒群猴，而告之曰：「歸語汝主，今已成親，可一來看認族屬，豈有婦翁既抱孫，而不識壻面？」群猴笑而去。頃之，老猴至，就榻而坐。其家陰以毒置飯內，猴皆醉倒，乃縛而盡殺之。

【一七】俠虎

保祿村黃某，家頗裕，娶同邑阮氏。數年，妻病故，遺小子，養於外祖阮媼。黃時來岳家探兒，或抱歸家，旬日乃返。

鄰邑有寡婦，黃見而悅之，托媒致意。婦辭曰：「改嫁得如此君足矣，但前妻遺子，後妻難處，我不能爲人作乳媼。」媒以語黃。時兒方五歲，黃因悅女，遂萌惡念。數日後，攜兒入深山，始覓果食，捨兒逕回。山多虎，黃抵家，謂兒必葬虎腹矣。恐阮媼詰，乃於野外築墳，虛爲葬兒所。

是夜二更，阮媼家聞叩門，疑是虎，堅閉不出。繼聞兒啼聲，怪之，開門，兒立戶外。且驚且喜，抱入而問：「汝父何在？何故深夜汝獨來此？」兒曰：「日暮父獨攜上山，坐樹下，久待父不至，懼而哭，見一猫大如牛，攜來置此而去，不知是婆家也。」媼驚異，抱孫而泣。即聞門外虎叫，媼遙謂曰：「多謝山君，救我孫命，老婦無以相贈，圈中猪請一餐。」即聞攫猪聲。鷄初鳴，又聞猪叫聲，自遠而至，入圈而止。旦起視，猪死於庭，失其半體。圈中復有一猪，其大倍焉。媼就壻問兒，黃曰：「兒猝得風疾，已於半夜沒矣。」引媼至野外，指土堆曰：「此兒墓也。」媼令發塚，無所見。媼笑曰：「是必多殉衣服，奸人竊抛屍矣。我家猶有衣服，盍隨我取回，毋令我見傷心也。」

黃隨媼歸，入門見兒倚戶而笑，連呼：「我父來矣。」黃色變而走，媼以事叫官。黃逃別村，人惡其行，解納官，一訊具服，官監責杖。黃回，夜抵里門。虎卒至，含去。村人聞黃叫聲，燭隨之，行里許，見黃尸碎裂於地。

此庚戌年事，余表弟陳名瑠往諒山見之。

【一八】巫　媼

余大父未第時，寓京城南門外讀書。一夕，聞叩門聲急，啟視，則志友范公也。問夜何來？曰：「來賀耳。」曰：「何賀？」曰：「今年會元必兄也。」曰：「兄夢乎？」范曰：「我鄰巫媼，爲人卜財祿，其鬼久不至。及至，言今天門放榜，人多爭看，故來遲耳。曰：『榜中名字汝記否？』鬼曰：『但記首名，上武字，下某字，其餘不記，只知共十三名中格耳。』今兄與他不相識，而所言若是，是以來賀。」公曰：「兄何惑之甚！巫何足信？」及試期，會榜中格果十三名，而公居首，與巫言相符合云。

【一九】蘭郡公夫人

莫崇康年間，東岸香墨譚公以尚書致仕。一日，公治第，環邑各點丁男，助負木石。公几杖臨視，遇扛擔，一一望籍而遣之。最後見一男子，年十七八，眉目清秀，公視之，有貴表。問其名貫，曰：「姓阮名寔，雲恬社人也。」問來何遲？曰：「小子從塾中讀書歸，始就役。」問其所造，曰：「小人家貧，寒曝不時，文義詩賦，僅涉獵耳。」公免其役，賜坐，命題，文理尋常，無甚佳句。公又出對云：「十八雄能擔土。」寔應聲曰：「九五龍飛在天。」公大奇之。

時公有三女未字，蘭夫人其季也。公入告之曰：「外舍小學生，後日必成大器，汝等誰能暫安藜藿，久後將受用不盡也。」即命就簾內窺之。二姊先往窺而入，且行且笑，曰：「頂長偉岸，好一兵丁也。」公不悅，復令夫人往視之，對曰：「女子何敢自擇配？父以為可即可耳，何須竊窺男子。」公大悅。

寔辭歸，公令家人就雲恬，致命於阮生家，父母喜出望外，家貧不能具禮，公皆為辦，諏吉嬪女於阮家。公戒女曰：「汝為貧儒婦，不比在家時，我非薄於財，不欲厚齎損志爾。當服勞食力，相汝夫壻，莫習舊時嬌養也。」夫人拜命，入門被服布素，躬自提汲，夫讀婦織，夜分未寢。

數年，寔舉於鄉，屢赴禮闈不第，年外三旬，尚窮舉人也。二姊皆配名家，歸寧車馬塞巷，舉人夫妻，踽踽獨行，兄姊侮之，呼為雲恬貴人。夫人深自韜晦，不敢與姊同坐。公愈加愛重，戒諸女曰：「眼前貴富，何足輕重？日後能活汝輩，必此人也。」未幾，譚公沒，舉人潦倒如故。

初，阮舉人夢己名掛松樹上，名場屢躓，念亦冰冷。迨光興乙未，世宗收復京城，開科取士，阮寔果會捷二甲第一名。時鄭王諱松典試，其夢始驗。譚公子壻，皆以仕莫，被解送京，賴阮公營救。後數年，公長子阮宜登第。父子同朝，並官尚書。孫室、審、杜並登科甲，簪笏至今不絕，為北江望族云。

【二一〇】杜尚書

杜尚書諱汪，嘉祿縣人。少穎異，有膽氣，讀書數行俱下。時齋外榕樹，有女鬼變幻百出，人皆畏避。

一夕，微雨昏暗，杜方與窗友夜讀，窗友曰：「誰敢往榕樹取祀器歸？同窗相贈紙三百。」杜曰：「此亦何難？諸君坐待，看我行也。」卽戴笠出門。隔榕樹十餘步，見一女素衣玄裳，招搖樹下。杜屏息輕步，突至女後，抱女于懷，女問何人？杜曰：「邑人杜汪也。」女曰：「知君膽士，未嘗失禮，何唐突至此？謂我不能對君耶？」杜曰：「禍福自天，豈汝幽魂所可專擅！」女哀求曰：「幽明異類，願君放我。」杜曰：「汝靈必知我祿命。」女言不知。鷄旣鳴，杜固問之，女乃告曰：「公年三十四，庭試第二名，官至極品。」杜放手，女泣曰：「輕洩天機，必遭凶譴；妾固無論，公亦不吉。他日得志，莫相忘也。」杜歸，諸窗友方坐待，問：「來遲何也？」杜曰：「我與鬼談忘倦。」問：「所談何事？」杜笑而不言。後半月，忽風雨大作，榕樹崩倒，鬼遂絕。後杜登莫丙辰科進士第二名，年紀與女言符合。杜不忘前言，復於榕樹舊處，建廟祀女。杜歷仕莫至尙書少保郡公。迨黎中興，柄用仍舊官爵。弘定間，有延莪之變，車駕回淸化。杜公諫不納，進發時，爲軍士所殺。

【二一】古鄒烈婦

烈婦阮氏，慈廉縣人。年十六，嫁古鄒人阮生。氏孝事公姑，禮接族黨。己酉年阮生沒，氏慟絕者數次，三日不食，止於墓所。公姑使幼妹，彊使之回。氏重違親命，彊食一粥，陰謂其妹曰：「小姑善事公姑，我從夫也。」沐浴更衣，卽夫易簀處，自縊而死。擧家驚懼，以禮葬之。邑人重其節，乃建碑記其事以旌之。

【二二】石炭節婦

節婦石炭，舉人阮生之妻也。阮生沒時，婦年十九，無所出，公姑父母俱在，婦哭曰：「死非難事，但兩邊父母，晨昏誰依？」乃守節不嫁，孝事公姑父母三十餘年，生事死喪，一一合禮。景興丙戌年，詔旌孝子節婦，州縣上其事，特蒙旌表。時余守國威，親往其門，見御賜金匾「欽賜節婦」，四字焜煌。入其室，四壁頹壞，庭前濶七八步，青草叢生。婦年外七十，言語端莊，且織布且對客，余因以幣帛贈之。

【一二三】前徵

王用賓，嘉林名士。年二十一，舉於鄉，赴禮闈前一夕，夢至一所，宮殿壯麗，遙望中間，上坐絳袍玉帶，秉筆而書，左右侍立成列。生叩門者曰：「此何宮府？」門者曰：「此修文府，專司祿命。」生曰：「某應會試，欲叩前程，可乎？」門者推出。生顧見一人，袍笏而出，審之，亡友高生也，生近問前程得失，高生曰：「我知之，不敢洩耳。」生力叩之，高生援一聯云：「燦爛龍舟月促，遍觀民俗之異同；煇煌鳳詔星傳，簡拔人中之俊彥。」謂生曰：「牢記勿洩。」生醒覺，細玩文義，不解所以。是科落第，潦倒至老。

迨永盛年間，旨開宏詞科。適遇御駕由水程南巡，題擬觀省民風，簡拔俊異。天下賀表，生因憶前夢高生授聯，以爲是聯。考官大稱賞，預中項。後陞至山南憲察使。

【一二四】記三生

寶篆陳尚書典試清化，有一舉人某來謁，自言能記前三世事：前世爲人，家素豐，多行不義。沒後，經地獄，刀山劍樹，油鑊石臼，一如佛經所言，閻王按籍罰爲鷄，鬼卒押出，以氈裹之。

及開眼，則身在鷄巢中，毛羽宛然，及長甚鷙，主人使之鬪，輒勝。思欲速死，而主人受護甚至。一日，主人餇以粟，勃起撲主人面，主人不忍殺。又一日，以距踢主人兒，兒啼走，又追啄不已，主人怒殺之。魂來閻王殿自訴，王責其背主，罰為豬，鬼卒押去，至門限推倒，回顧身是小豬。月餘，同產者皆賣去，而己獨留，每欲尋死，恐未滿期，只得忍耐而已。年餘，主人將出賣於鄉，以祭神。魂至閻王殿，告以滿限，王憐之，許復為人，即今生也。

【一二五】蓮湖郡君

余曾祖郡公，未第時，遊學長安，設帳城內蓮湖畔，鄰皇親某郡公宅。時相往來，遂成相知。郡公有一子一女，皆十歲上下，使受業於公。其子頑蕩，不入範程；其女聰慧，過目成誦，才色俱全。公常曰：「此女才色，何家大福，力方能對！」數年，女稍長，公避嫌，請輟講。永盛戊戌科，公登進士，郡公設酒賀之，女以師生禮謁。未幾，郡公沒，公亦東西朝命，更不相聞。

後二十餘年，公奉命往諒山公幹。忽見一婦人來謁，自稱門生，衣服不整，丰韻猶存，且泣且拜。公叩其姓名，則蓮湖郡君之女也。問何以至此？女含淚對曰：「先親沒後，兄不肖，飲吃嫖賭，未終制，傾蕩如洗。女既長，人以兄敗檢，無與求親。適一屬弁，中年喪偶，謀續絃，兄利聘金而嫁之。弁戍諒山，五年前沒於戍所，遺一孤女，年餘更殤。今路阻無依，以針線度日。天幸大人至此，願附隨使節，以殘生回長安，得見先人墳墓足矣。」言訖，涕不可抑。公為嘆息，命家人照顧。

公幹淸，載回京，厚贈銀絹。女辭去，後不知所之。

【二六】仁虎

王府大祭，各鎭並獻山獸。太原道進乳虎甚大，黑文黃質，額有白印如掌大。押至廳下，禮畢，縱人往觀，忽一人捧肉十斤，置虎前，流涕拜謁。人問其故，曰：「此某恩主也。某年前遠方爲傭，得錢歸，山行日暮，無處投宿，乃登高樹，架木而臥。初昏，見是虎抵樹下，向樹長嗥。某計無所出，向虎擧首叩曰：『孤身遠客，命懸君喙，惟某一家仰活於某，君不見饒，當納命。』言訖，虎低首而臥，睡息如雷。更深，聞人聲自遠至，呼曰：『姨好自在，今夕得佳味，可相及否？』某俯視虎是婦人形，素巾斑衣。答曰：『我倦睡此間，汝輩可於他處求食也。』某聞見詳悉，屛息終夕。天明，虎徐起去。及見路有行人，某乃下。今見虎毛色相似，某問之，虎頷首者再。某感其德，聊具微薄，表寸誠耳。」

【二七】阮秩

阮秩，弘化月團社人。少讀書甚鈍，三十外，未且擧業，身體壯健，同門以其訥而多力，凡學堂洒掃薪水，皆委之。四十外，仍遲鈍，而從學不已。師憐之。

値秋試，師囑諸生曰：「秩魯鈍，其志可矜，諸君當助他一臂，或幸少（稍）酬他苦心。」時中興初，試法疎略，諸生遵師命助之。榜發，秩預選，同窗聯榜五六人。

秩年五十，力猶健。及春試，不欲行，師友彊之。同窗携帶錢米，秩皆爲擔之。入場文章，窗友又助之。及策期，窗友皆黜，惟秩得入。是夕，夢一人告曰：「來日入場，宜携一斗鹽，有用處。」秩依夢携鹽入闈。場官發策題，秩多不曉，但閉寮吃飯，飽而睡。午後，聞旁寮呻吟聲，往問之，曰：「某卷文甚佳，忽腹痛，不能完卷，兄能負我出場就寓，當以此文贈之。」秩取卷改題己名，並依場規寫完卷，乃負之出場。及場門，秩問：「兄平日有此症否？」曰：「我平日有此症，只服鹽一斗即愈。今寓遠，恐不及。」秩曰：「兄何不早告？弟有鹽一斗在此。」乃出鹽調，病即愈，相携歸寓。場官看卷，將置首選，及看末段不工，置之第七。

榜出，物議沸騰。庭試，秩卷曳白。帝不悅，有議削秩名。適有鄭椿之變，帝南幸，數月方回。秩又有以從駕有功，帝命依會榜賜第，別加一級擢用，竟躋顯官，高壽令終。

【二八】報恩塔

塔在錦江縣平均社旁，無碑記。相傳本社阮翁巨富，男子數人，並業農，已分爨。晚年又生一女，甚麗，翁欲配以文士。年十八，忽得瘋疾，百方醫治不效。父母兄弟不敢近，乃構小茅屋於村外路旁以居女，給以衣食。

年餘，適荊門舉人某赴會試，過其地，日暮，風雨驟至，四顧村墟頗遠。見茅屋，叩門求宿。女問鄉貫姓名，開門延入。舉人某年貌少美，女雖瘋症，而面固無恙，燈下相看，宛然美人。夜，舉人某與女通，情好甚浹。天明，某迫試期，趁早告別，且訂歸期相訪。女自攖廢疾，不齒於人，偶遇才貌少年，甚稱所願，乃嘆曰：「暗中得此佳會，若使明白相看，何堪對此才俊？」自傷成病，數日而沒。阮翁即女居葬焉。

舉人赴試，四場文卷多舛錯，自知難以中選，留家人在寓，而自己從別路歸家，不過女屋。十日後，家人馳報中選。某喜出望外，輿馬赴京，重過女屋。至則茅屋無人，旁有新塚。某愕然，問村人，曰：「此鄉中瘋女新墓也。」詳道其故。某暗憐惜，以禮奠女墓而去。

至京，謁房師禮畢，房師留之，問：「貴妻何名氏？」對曰：「中饋尙虛。」師曰：「曾鼓盆否？」對曰：「未曾。」師曰：「君卷多舛錯，應黜。掩卷假睡，見一女執卷前拜，請曰：『此妾夫卷也，幸廣取焉。』醒則君卷在焉。再閱文理舛錯，欲黜，又夢如初，殷勤固請。問其姓名貫址，曰：『妾阮氏，錦江平均社人也。』我憐而取之。」某問女面符合，不覺下淚，遂述所遇，房師亦嘆異。

榮回日，某具體謁平均阮翁，執子壻禮。阮翁不敢當，某具道始末，請以妻禮改葬女。素服臨祭，主題官銜如禮。又卽女故居建塔，名報恩塔，今猶在。

【二一九】 阮狀元

阮登道，仙遊縣懷抱社人。年十九，以庠生遊學長安。值元宵日，士女遊觀。生與小童數人，行至報天寺門，遇一彩輿，婢僕侍從赫奕，輿中坐一美女，下輿入寺覽勝。生隨旁呆視，美女出寺上輿，生又徘徊其側，輿夫叱不去，鞭之始退。聞輿中女叱僕曰：「良辰勝景，人各遊賞，汝等莫作驕人事。」生聞之，又隨其後，至府第，女下輿入室。生於門外茶店少歇，問茶媼：「此何官府？」媼曰：「此吳侯之第，侯以軍功掌禁兵，提領四城軍務。」問：「幾位公子？」媼曰：「侯始生一位小姐，甚麗，讀書知禮，適纔乘轎而回者是也。」生曰：「曾嫁否？」媼曰：「吳侯欲擇才子文士而嫁之，不然，公侯子弟，豈少作對？」生聞詳細，日暮歸，終夜痴想。

明日，復竚立府門外，以茶果餌府中小童，久之相熟，細問路徑、樓閣門戶。夜深越墻，直抵女所，穿壁而入，上女床共臥。女驚醒，問是誰？生曰：「某自寺中相遇，寤寐不忘，欲倩媒妁，恐塵埃宰相，未蒙靑及，斗膽來此，欲與小姐，定百年約耳。」女且羞且懼，低聲曰：「我父性如火烈，汝如此唐突，看汝立成薤（虀）粉矣。」生槌床而笑，女不知所爲，以絹一疋與之，曰：「汝死固宜，但我名難白。汝宜尋路而出，饒汝性命。」生大笑曰：「卿無嚇我。我若怕死，不來此矣。大人若來，我亦如此。」生雖不犯女，然攔路，女不能走。婢僕聞笑聲，舉燭來，見生在小姐床上，執杖圍之，且馳告侯。侯提劍而下，生伏地施禮，且言仰慕高門之意。侯怒，令僕縛之，見生儒雅，不忍加刑。

天明，欲送法司議罪，適同僚范大人至，侯邀入叙其事，怒氣滿面。范曰：「有非常之事，必有非常之才，此子或有所抱負，當面試之。果有才，當圓成之；若不才，當按律治之，何須怒爲？」吳侯請范公考生。生得題目，不假思索，下筆滔滔。笑謂侍者：「語汝小姐，備辦茶飯，遲則我不爲汝家嬌客也。」侍者皆掩口而笑。生呈草，范公大加稱賞，密語吳侯曰：「千金不能求此佳壻也。」

吳侯乃赦生，問鄉貫姓名，命構作別室居之，給廩讀書。次年，生比於鄉，第一名，侯乃備禮贅于家。又次年，生中會選，庭試狀元。

【三〇】奇夢

義安鎭阮陳二舉人，赴會試，夜宿古廟，三更許，忽聞門外車馬聲。瞥見廟內神出迎，諸神入坐。一位云：「今科賦題，曰『天下大同』，第一卷，我代筆，讀與諸君看何如？」讀完，各加品評。二生暗記詳悉，醒起，藁而藏之，時常披誦，一字不遺。及入場，賦題果如所夢。二生大喜，以爲必獲高選，歸房擬抄，全然不記；相呼問，皆不記，勉做完卷。及榜出，二生不第，而首名乃農貢古堆人黎賓也。就訪文體，二生復記，與夢文不差一字。

蘭池漁者曰：「功前定無分，夢何可憑？紅塵營營者，無亦未達歟！」

【三一】熊虎鬭

陸岸縣山分民阮某，以採木爲業。每行，常携鹽米，棲止山中，習以爲常。遇毒蛇惡獸，或驅或避，習慣不以爲懼。一日，深山中，剖木爲獨木舟。天寒，鋪草而臥，以舟覆其上，旁積枯木，燒以禦寒。夜半，忽聞腥氣，窺見一虎坐舟旁，向火而睡。少頃，又一熊來，向火而坐，若不見虎也。某於舟中撥一巨炭刺虎陰。虎熱驟起，開眼見熊，大吼噬熊。熊以爪抓虎，兩相併力亂跳，舟幾開。某堅抱舟。少頃聲寂，某起視，則熊頸斷，虎腸出，死於巖下。

【三二】靈蛇

景興甲申年，余外祖陳公，爲清化協鎭，一屬吏負牒句（拘）訟人行山中，遇一蛇當徑而臥，大如桷。吏出牒語曰：「某奉上官命公幹，願神靈避路。」蛇不動，若不相知。吏酒後膽大，拔劍叱曰：「若神靈，不應，頑冥若蟲類，當看吾劍。」大步向前，蛇倏不見。吏乘醉放步。及暮，酒醒，獨行山中，無店舍，望見山邊古廟，奔入止宿，向神座密禱保護，闔扉而寢。初更，聞門外車馬聲，廟內神開門邀入，問：「兄何事夜來？」神曰：「日間，弟遊山中，被小吏凌辱，計程當在此間，弟願得而甘心。」廟神曰：「白龍魚服，困於豫且，彼於此時，但知兄是蛇耳。況他有公幹，兄何阻路招尤？兄當自責，怨他則量不宏也。兄今胡行，天憲可懼。」久之，神辭去。既而寂然。明早，吏向神座拜謝。公幹回，復向廟酬謝焉。

【三三】相士

潘郡公阮潘，清化霞場人。微時，投山南鎭守督府牧馬。一日，相士來謁鎭守丁公，談人貴賤禍福。丁公盡出麾下使相之，問：「有能如公否？」皆曰：「無之。」適阮潘擔草過階下，相士起立延坐，大稱贊曰：「當自成立，一紀後當握兵符，事業比丁公，而福祿過之。」時潘衣服藍縷，面目蕭條，麾下或笑或怒，皆咎相士。數月後，潘從丁公勦捕有功。數年，東征西討，屢著奇績，爲當時名將第一。

十餘年，以軍功官鎭守，兼管數道；男子二人，皆掌兵符。潘公封潘郡公，享壽七十外，朱紫滿門。

【三四】昭徵神

義安兵某，戍京，歲季歸省鄉貫，夜宿平望驛。鷄初鳴，趁宵行，途遇一隊車馬，一位官長，美鬚髯。某問從者曰：「官軍何之？」從者曰：「上人赴京公幹回。」某隨其後，行甚快健異常，經過溝渠，躍而過之，如身在雲霧中。稍退後，足下如有推者，不能自主。平明，忽失車馬所在，愕然四顧，已在昭徵大王祠下，去家半更許。尋路歸，計程千餘里，而頃刻可至。

【三五】海山洞

廣安下路，浴海一帶，多林麓島嶼，人跡不到。有漁子數人，舟行，因風至一山，草木幽邃。拾級而上，芳草名花，皆不常見。至山腰，得一深洞，相攜入洞，初甚昏黑，十數步漸明朗。見一石門，外蹲兩石犬。再入重門，見几案皆石，器物皆金。上堂石榻，坐五女屍，散髮，承以銅盤，衣服皆錦繡，面施粉黛，近之猶有生氣。漁人或攫金器以出，及外門，石犬大吼，懷金者兩目如瞽，牽不能行，大懼，擲金而出。甫出洞，墜一巨石，塞洞口。乃下舟揚帆而去。

郭長城 校點

大南顯應傳

大南顯應傳　出版說明

本書爲越南民間傳說集，不署編集者姓氏，其中以黎朝故事爲多，估計成書於十八世紀末十九世紀初。此集以歷史人物傳說爲主，如馮克寬、黎貴惇、阮甲海、阮氏點等，雖與史實不盡相合，而饒有趣味。又兼及神異人物，如仙人范員、風水大師阮左泐等。其卅一狀元阮甲海一則記甲海購巨龜養家中，每日外出就學時，龜化爲女子主家務，終爲甲海所見，自稱南海夫人之女，甲海「潛以龜殼匳於函中鎖之，自是相與居處，不啻夫妻。」此與中國之白水素女故事（見藝文類聚卷九七及太平廣記卷六二所引搜神記）頗相近。本書以顯應名，其中甚多因果報應、風水故事故也。

本書只得抄本一種，遠東學院編號爲A386，原本現藏河內漢喃研究所。今據顯徵膠捲錄出。此本素白紙抄，半葉九行，行廿字，計四十八葉，收錄故事卅五則。正文中偶有雙行批註，各則題目下亦間有註，皆屬評論文字。原書無目錄，現抄本目錄，爲抄錄者加，亦不全，現據內文目錄補入，以便查考焉。

書影

大南顯應傳

目錄 原本無有

大南顯應傳

眞福阮國公傳

阮。熾眞福蔡舍人也、其父値陳末之亂、不樂仕進、住持于本鄉之寺、作和南禪師、每夜雞鳴、擊磬焚香誦經、有屠猪人居于寺旁、即起殺猪、他一日誤買乳猪不覺伊猪有孕、期以旦日宰作、是夜禪師夢有一婦人哀號曰、願公令夜勿擊磬、救我母子八九之命、禪師從其言、已而屠猪晏起、此猪遂產得八子、禪師奇其事、遂盡買那猪母子、生放于山、號曰禪師爲虎山咬、天工巧發蒙障聊、將葬之于山、明日家人尋之、則見已成大堆、識者謂之曰、此乃虎葬吉穴也、是時阮熾已生十七歲、家計単寒、遂就清華地方賣油爲業、至東山縣、天已暮、傍無民居、望見有一廟、遂投宿焉、至三更聞車馬之聲、且聞有人謂廟神曰、今夜天庭敕會一神、定立安南天子、這關大事、毋得欠也、毋廟神言一我有塵間貴客、寄宿于此、莫可從適、但有竊聞願四以告、四更末、復聞聲報謂已定寄南皇矣、其人即於山瑞原姓黎名稷、許以申月申日申時定矣、十年

大南顯應傳

【一】眞福阮國公傳

阮熾、眞福蔡舍人也。其父値陳末之亂，不樂仕進，住持于本鄉之寺，作和南禪師。每夜鷄鳴，擊鐘焚香誦經。有屠猪人居于寺旁，卽起殺猪。他一日，誤買牝猪，不覺伊猪有孕，期以旦日宰作。是夜，禪師夢有一婦人哀號曰：「願公今夜勿擊鐘，救我母子八九之命。」禪師從其言。已而屠猪晏起，此猪遂產，得八子。禪師奇其事，遂盡買那猪母子，生放于山。數月，禪師爲虎所咬，（天工巧發業障耶？）將葬之于山。明日，家人尋之，則見已成大堆。識者謂之曰：「此乃虎葬吉穴也。」

是時，阮熾已長十七歲，家計單寒，遂就淸華地方，賣油爲業。至東山縣，天已暮，傍無民居，望見有一廟，遂投宿焉。至三更，聞車馬之聲，且聞有人謂廟神曰：「今夜天庭勅會百神，定立安南天子，這關大事，毋得欠也。」伊廟神言曰：「我有塵間貴客，寄宿于此，莫可他適，但有所聞，願還以告。」四更末，復聞聲報謂已定安南皇帝，其人卽藍山瑞原姓黎名利，許以申月申日申時起兵，十年而天下始定。已而鷄鳴，急起，尋至藍山，具以所見之事陳暴。

時黎太祖已有手下三百人，素有此志，及聞熾言，卽是年七月起兵于藍山。厥後天下大定，熾有懋功，賜國姓黎，封阮國公，創業功臣第一。歷仕太宗、仁宗朝，又以誅宜民屯般之功，復賜中興功臣第一。子十二人，皆受封爵，位望極盛。聖宗忌之，陰送風水名師蔡舍，鑿開禁江，以斷龍脉。龍身流血，三月長吟。一日，熾子五中尉同死。此後子孫漸衰。迨至黎末，名穫泰，與阮整舉義，昭統封泰郡公，乃黎熾之後裔也。

【二】金顏山記

金顏山在義安處、淸章縣、知禮社倡長册，其山聳高千双，盤旋周迴三十里許。世言南國有三大山，一三島、二香積，而金顏居其三也。山最靈異，自外望之，有壁依之所，仙女圍棋頭倡之狀；就而近之，只是巉岩之山。俗傳收星山：九人之死，星落送于此。惟國君之星大似絹疋，長丈許，頭帶火光。初到時，横鋪谷口，伊方民備辦禮儀，祭于山畔。祭訖，聞谷中有三大震聲，若雷轟凛烈，然後飛入。驩州風土記所謂：「金顏山峰石巉岩，俗號是收星山」是也。

景興己丑年，朝廷攻討鎭寧，揀取另卒，伊社人名文益，年纔十八，父已早亡，本社迫以爲另。文益避谷中，摩暗而行；久之，倏見光明，四顧行人往來如市，想是他鄉風景。只見道旁茅舍，陳列饘粥，遇者或啜或食。文益腹饑，本欲來喫之，不曾認得熟，因乃不敢食。望見大橋行人趨步，忽見其父自橋邊走來，謂文益曰：「汝何從到此？」文益認得父面，具言始末。父曰：「此是閻羅境界，此橋名大羅橋，凡人死者，魂魄由此谷入，必先食粥，後過此橋，惟人生平在世爲善者方得穩過；若其爲惡者，被兩犬擠之于江。但已食此粥，必無歸理。」文益以未食粥答之，父遂引至谷口，忽不見父。文益屈指計之，已五日矣。

【三】惜雞埋母傳

昔有海陽青河人也，居于京師之侍中後軍坊。家養一鷄，本是善鬪的物，十分珍重，饑必飯之，寒必衣之。一日出外，付囑其妻：「爲我保守此鷄謹愼，否則汝之命，卽鷄之命也。」不意鷄入排灶，婦持小刀擲之，偶中其頸而死。惶恐泣謂姑曰：「妾不幸打死此鷄，良人決必不容。但妾有娠，已三四月，安得保有母子之命乎？」姑曰：「汝毋自憂，我以身當之，子必無害母之理。」越其二日，其夫歸，甫入家，未坐，卽問鷄何在？母以喩言誑之。此人怒氣勃勃，面色如藍，謂妻曰：「汝早煮飯，許伊婆飽食。」食訖，手持鍤先行，遣人以繩牽母而去。出鎭武觀塢門之外，掘開一穴，將以埋母。掘穴甫畢，天大雷電風雨，霹靂一聲，打死伊人于穴邊。京城駭聞，觀者壁立。

忽有尙書阮伯璘自家赴京，過此，謂家人曰：「天高聽卑，信有之乎！昔吾嘗觀洗寃錄曰：『人有被雷擊者，以醋洗之，則背後見著其罪如篆字。』」卽命取醋洗之，果見於背後有八字曰：「惜鷄埋母，悉極（殛）不容。」噫！實異哉！

【四】演州太守記

太守公羅山人也，娶妻楊氏，產下六七番不成。及到演州任所，妻復懷娠，已七八月，夜夢神人告云：「明日許汝霹靂舌，來年生男，可用鐵鉗其兩足。」旦果得之。已而生男，命工作兩環以鉗之，長五六歲，穎悟非常，命名金錫。十七歲，鄉舉中貢士。一日，訴于父母曰：「兒今年已弱冠，又得濫預生員，豈有前刼輪迴之事，而長帶鐵鉗如囚人之狀，以取朋友之笑乎？」父謂其言有理，即命拆去；自然金錫仆臥于地而死。公不勝哀號，爲之父母之服。

前此金錫在時，村之鄰有一女賣芙蕾，往來甚熟。一日，太守公往過此處，女見公着服制衣，怪問之，公曰：「新監生死已三月矣，汝不知之乎？」女言：「僅數日來，監生現在，公何言之異乎？但今監生已有車馬童僕，殊非前日，不知作何官樣。」公以爲迂，女言：「後二日午時再就，公可於是日預伏家中觀之。」

至日，公依約來伏。一日許，見金錫果來坐此。女人因謂金錫曰：「有太守在此，等候多時。」金錫見公，指其面大罵曰：「汝糜我十七年塵世，我恨不斬汝，又何面目認父子爲也！」言訖，忽不見。公卽於此次解去衣服靴笠，盡焚而還。自此不復有哀痛之意矣。

【五】 吳俊龔傳

吳俊龔膠水堅牢人也，少有神童名。二十一歲，山南解元，以善文鳴京師，長安有：「俊龔俊異，天下有無二」之謠，人以爲金榜可指日而取也。俊龔寓于同春坊，旁鄰有諒江知府之女子，聞俊龔名，頗有相親相悅之情。女貌郎才，兩無禁忌，山盟海誓，百有長篇，遂與之私通。女有娠，週歲而生男。來年，俊龔結婚于管軍之家，而伊母子不復認焉。

伊女人入則父母痛楚，出則鄰里譏嗤，不勝懷憤，母子遂投于河而死。是年會試，俊龔對策文理宜第一，孜（𢼄）官阮進朝方睡，見一婦人抱子謂曰：「此卷乃堅牢人吳俊龔，但伊薄行，殺我母子之命，若此人得掇高科，非上帝天門放榜之意，而爲惡者亦無所懲矣。」孜（𢼄）官驚起，見伊卷已被墨淋漓，字字不可辨，乃以事訴於提調貢舉官。糊名觀之，則膠水堅牢吳伯儆（龔）。俊龔無復有科舉之志，居家營產，今子孫幸止富足焉耳。

【六】天子到家傳

昔有唐豪婦人，以染衣爲業，生得一男子。夫君早喪，有北客人爲葬吉地，斷曰：「此地三年之內，天子到家，大發富貴。」洪德年，北客來册封，帝勅坊庯外家一新粉塑，每間各掛對聯，以壯觀瞻。帝夜間微行觀對聯，到染衣家，謂伊婦人曰：「人皆有對聯，而汝家獨無，何也？」惟對曰：「惟是老婦惸惸，只有一子遠學，借人難堪。」帝曰：「我爲汝代草，可乎？」曰：「敢不如命！」帝命索筆紙，寫一聯云：

天下青紅皆我手，朝廷朱紫總吾家。

明日，梁狀元入朝，經過伊家，見之，詰問老婦：「誰作此對聯？」老婦具以實對。梁狀元入奏于帝曰：「上有聖明在御，德祚方隆，臣見染衣家對聯，的是天子氣象，意者天已別生他人乎？」帝笑曰：「此乃昨夜間我所作耳！」梁狀元謂天子至家，白屋出公卿之象，命以女嫁之于老婦之男子。後肅宗朝，老婦之子，亦中進士焉。

【七】天祿潘廷佐傳（前身不忠，後身乞丐。）

潘廷佐，天祿芙蕾人，中景統己未科（黎憲宗皇帝景統三年。）黃甲，歷仕憲宗、威穆帝、陀陽王、襄翼帝，官至吏部尚書蘭川侯。是時，莫登庸迫恭帝禪位，乃賂廷佐金百斤，與黃文佐陰作禪詔。登庸僭位，以廷佐爲相，官居一品，每出外則扁（匾）題「兩朝宰相」四字，使人持之先行。時有士人教童子造作紙鳶，於紙尾寫「千古罪人」四字。每見堯（廷）佐之出，則使童子持鳶隨後。

廷佐死後，閻王論其賣國不忠之罪，奏之上帝，復定降生作馬。廷佐自思作馬被人驅鞭大辱，但天網無可逃之理，自請爲乞丐，閻王許之。

時有芙蓾老以販椰赴京，泊舟于章陽社渡。有一人衣着襤褸，沿船乞養，見老人謂曰：「公非芙蓾人耶？」老人怪問，卽曰：「與公同鄉，名潘堯（廷）佐也。」老人曰：「公前日官居鼎鼐，何乃着此模樣？」其人揮淚而言曰：「我以舊朝尚書，但死後天廷論其叛黎從莫之罪，降生爲乞丐，今幸遇鄉人在此，想是見得一飽。」老人詳認其形狀聲音，酷似廷佐無殊，乃賜米一缽、錢一陌，其人拜謝而去。

【八】山圍節義記（前身節義，後身榮封。）

武睿，山圍程舍人。未第時，北客人爲葬祖父，斵云：「生居人首，死居人首。」黎朝洪德庚戌科中狀元。及對策，神宗覽其文嘆曰：「他日國家有事，必此人當之。」中狀元及第，歷仕尙書、東閣入侍、經筵少保、程溪侯。及登庸擅位，陰賄公以百金，公擲之罵曰：「我受黎朝豢養之恩，不能竭節以報，寧能易面變辭，如張婦李妻之態耶？」卽解冠還鄉里。登庸僭位，使人召公。公囑付家事，詣京。及登庸委曲慰喩，公卽食芙唾登庸之面，大罵曰：「汝簒國罪人，更欲何我？生爲黎臣，死爲黎鬼，豈肯賣國圖全，如潘廷佐、黃文佐之類耶！」言訖，以刀刺頸而死。厥後復國，推封節義功臣凡三十人，公獨居其首焉。

【九】阮堯咨傳

阮堯咨，武江人也。母生於亥年亥月，因名曰猪。公生而穎悟，以神童名，人皆以狀元許之。太和六年戊辰科會試，仁宗皇帝夢見神人顯告：「今科猪中狀元。」及殿試唱名，乃堯咨，上怪其夢無驗，以問堯咨。咨對曰：「臣少時父母命名曰猪，果爾神言不誣。」上語群臣曰：「吾之此夢狀元猪，即堯咨也。」奈何世之儒者不究來由，妄肆爲雌黃，乃謂堯咨與岳母淫，故謂之狀元猪，而註于登科錄之中，遂使千載之下，公獨受薄帷之謗，無一人能辨之者。蓋狀元之選，下界仙之極品，非文學德行，不足以當之。觀者有警，天上三不可，皆得預於天門之榜，豈有不義而可濫此選乎？

【一〇】南華木匠記（附青池寺僧傳。）

清章南華社有木匠最巧，構作南華亭，規模制度，向背如神，觀者輻輳以爲魯班離婁之巧，不能及也。一日，升坐堂中，見二人前來致辭云：「吾奉龍君之命邀君。」將欲推托遠避。二人曰：「龍君見召，縱然不來，其禍不淺。且新構成，復得返來，何苦辭避，枉招深害？」他即囑付諸工，修備器用，即日隨行。纔至江次，二人便撥開水面，引匠人入江，如履平地，不半刻已到殿門矣。王在殿上喚謂之曰：「朕欲構一殿，材用已具，聞爾巧思出倫，當爲朕製成規矩，以壯觀瞻。落成後，必有重賞。」乃卜日工築，命構正殿五十間，皇后宮三十間，太子宮二十間。

比至三年，工役甫畢，他即求還。王賜以一盒，封緘甚是固密，且謂之曰：「陽間陰府，境異情殊，龍宮之事，爾歸後愼勿輕洩。」遂令二使送還。頃之，已至家貫。其妻子自見被邀入水，想無復還之理，三年衰絰，喪制甫滿，將已擇譚祭矣。族屬鄰里，聞者或就質問，匠亦默默不敢露。及開盒視之，則明珠三十顆矣。匠即日帶珠來京，平價發客。時有波斯國人來商，見珠謂曰：「此乃老龜脫殼之珠，非塵間所有，必是龍宮貴物。」定價每顆五百緡，匠順賣二十顆，得錢萬貫。存留十顆，私自珍藏。從此家資富盛，爲一縣之甲。迨匠壽七十五歲卒，與妻子具言前年入水作宮之事，無不明白。言訖而死，盒中之珠，無故盡失焉。

愚以此傳參之青池縣裕泉社，有一僧住持本寺，諳誦佛戒。龍王遣鬼卒迎至水府，設壇場齋戒，誦經七日夜，方得後復。返時，有贈黃柑一菓。到寺視之，則是十成黃金，價值數千，遂成巨富。造田得一千二百畝餘，為伊社后神。又委錢一百貫，用供寺中香火，至今，其田猶存，其碑猶在。二事亦相類焉。

【一二】仙人范員記

范員，東城安排人。公之祖業勤農圃，一向為善，時北國客人為擇吉地遷葬，斷云：「當發一代進士，一代仙。」後生范質，中神宗朝廣德四年壬辰科進士，仕至左侍郎。生二男，長范贊，次是公。

公長十八歲，懶於學，頗事遊戲。侍郎公常罵曰：「汝生長箕裘之家，遽負金銀之榜！」公曰：「人生貴適志，八十年富貴不過黃粱一夢耳。」乃簑笠尋入鴻嶺山採藥。行三日許，至深林中，遇一老人，持竹杖，着道衣。公見其得道眞人，即前來拜跪，歷敘己志。老人即相携以歸。行半里許，望見茅屋數間；公隨老人，只見屏上小書一卷，傍有水盂，寂無一人隸役。時時與公勺水，俾罄飲之。又授公一囊，謂之曰：「歸而求之，有餘師矣！」言訖，人屋盡皆變了。

公望日出處而返，頃到民居。自往至返，屈指已十二年矣。是時公三十歲，親戚鄉里，惟奇其事，曾不覺其成仙。或寢十餘日不起，或一二月只啜數粥，侍郎公常以「狂夫」呼之。公有親姑，年外七旬，寡居無子，衣食不充。公許錢二十一文，謂之曰：「若買二十文，則留一文，可周一身。」姑依其言，旦買則暮還。纔得一年，姑死而錢失矣。

公嘗遊玉山，宿客館，謂老婦曰：「此處常有火災大作，我許汝一甕酒，若見火起，當以酒灑之。否則比屋延燒，終無可救之理。」已而伊社果失火，正值五月南風，人不能救。老婦思公言，以酒灑之，忽大雨滂沱，火始滅。雨中有酒氣，三日不散。

公嘗過弘化縣，見有老人乞丐，年七十餘。公憐其老，賜之一杖〔曰〕❶至某處某市，則置之于道旁，不必有言，人見之，必以錢挂（掛）其杖頭，滿百文即止，又去而他適。老人如其言，衣食豐足。纔得三年，老人死，而其杖失矣。

丙申科會試，義安貢士赴京應試以數，公坐黃枚館謂諸人曰：「三科之內，未有進士，諸公應試，枉費往返行李耳。」衆人笑其爲狂言。既而丙申、己亥、辛丑三科，竝無一人登第。公常教本社士人學「桔槔」二字，比至三年，請他學，公曰：「他日富貴，只此二字足矣。」已而伊社人寫名軍籍，更守公船。適鄭王發行經略，命籍舟中之物。至汲水一件，不知是何字號，編者問之，莫誰識字。時有參從何宗穆在焉，伊人對曰：「臣少時所學，記得『桔槔』乃汲水之物。」參從官驚問，嘆以爲此人深學，即聞之于王上，旨頒正六品官。

迨公四十歲，侍郎官入侍從，方荷王上眷顧之恩。公在家遽命構作祠堂，粉塑祭器，制斬衰服及竹杖，封之而詣京。至則數日侍郎官卒。夫人治喪，將欲下船越海而歸。公不之聽，造作大轝小轝香案，凡送葬之儀，一皆完備，期以某日鷄鳴發行。纔日出已到安排地分，衆皆驚異，始知公有神仙妙術。

葬畢，公拜母而去，自此不見踪跡焉。越五年，夫人沒，窀穸甫畢，公夜歸哭於墓前，置一匣而去。明日，家人見之，遂啓匣視之，則內有牛羊鷄豚饗肉飲飯，不可勝數；錢五百貫，銀一百斤。書於匣上曰：「孤哀范員敬祭之物。」嗣後或見公于昇龍，或遇公于神符，但叉手不交一言。

保泰間，春耕張有條開講堂于京師，士子以數百計。一日，習席上文，命題「四皓歸商山謝表」。公衣著襤褸，傴僂而入，自請行文。衆人咸笑。一刻而成文，忽不見。先生取卷看之，大驚嘆曰：「文似仙家格局，乃是員公戲我也。」

甲戌科會試，東城訓導與農貢黎賓赴試，遇於金榜地方。公執訓導之手曰：「我與公同縣，何遽忘也？」取懷中一紙，封緘甚謹，戒之曰：「君當書紳，莫可妄發，候入第三場，拆而觀之。」言訖而去。訓導如其言，至第二場出榜落名，懷憤倒醉。來日，士人自場中出問之，伊言天下大同賦。訓導記公言，拆衣帶觀之，則這賦八韻便成。始覺「同縣」之言，即范員公也。

【校勘記】

❶「曰」字原無，據文義補。

【一二】進士陳名標記

陳名標，丹鳳安斫人。少時學于雲耕陳賢，標才非穎悟，文思尋常。二十一歲中次通生徒，二十四歲應試能文，校官以文勢太劣，不許入格。是夜，陳賢夢見神人謂曰：「明日早時，君當灑掃門庭，以待同科進士。」來旦日，公方行軒外，俟待久之，忽見名標傴僂而入，問曰：「君來此何早？」對曰：「昨徵應考本府，名外孫山，敢望尊師曲爲請托，幸預一名，弟子感恩多矣。」公從之。公遂以十五緡錢之利，懇請校官，亦爲添取，寘之末第。間有別縣人落第，赴承司校官投單乞比。未及唱名，天忽大雨，雷擊此人死了，名標遂免。是科入四場日，名標預夢神人謂曰：「禹貢一篇，須當詳熟。」夢覺，即取禹貢九州、大田、貢賦，盡皆細寫，懷書入場。果然御題多出禹貢，名標得詳盡。但文勢淡淡，殊無起意，內場官不取；及送外場提調范謙益，詳覆落卷，見名標卷文辭雖非雄偉，然禹貢句句做得詳盡，量非深學者不能，復批中格，寘于四十一第。

癸丑年，丹鳳地方瘟疫大作，安所社人夜夢館叢中，見夜叉鬼群行百數，憩坐館中，一人披籍，指曰：「此是安所地界，今以次及。但今年三月陳名標試中進士，須當爲護此方，俾得無恙，以迎進士榮歸矣。」遂卽促行他境。至赴試期，經到雲耕橋，就館停息。時有西山貢士三十餘人，忽見一人面貌古怪，來執名標手，謂曰：「今朝三分進士，君族有其一。」言訖，忽不見，衆以爲奇。入第四場日，陳賢具以往日同科之夢告陳桐等曰：「吾年已五十，而神人指示與名標同科，今吾等五六人，當爲名標着力，幸得共跨禹門，以應同科之夢。」衆咸依其言。迨出榜日，名標以生徒二十五歲，捷舉登第。是科進士，該十八人，而陳賢（慈廉雲耕。）、陳謨（丹鳳遺愛。）、陳桐（丹鳳上社。）、陳仲寮（上福文甲。）陳公昕（永賴古庵。）、陳名標，陳族凡六，神人之言，信不誣也。

厥後陳名標爲宦官名僉隣所打，朝廷斥之，弗獲大用。年七十，以翰林致仕焉。

【一三】古遼狀記

富川，古遼人。其妻生下一男子，全一塊肉，三四月餘，漸漸生骨，命名超。不學而識字，人多以難字質，如「廹」「迫」之類，無不知之。時有金洞監生往造之，出對曰：「半千名世，自古寥聞。」超應口曰：「五百昌期，于今洞見。」人以是奇之，相傳呼爲古遼狀。

己亥年，超已七歲，靖王聞之，使奉差召見，須還爲王子友。超入拜，王出對曰：「李秘七歲賦碁。」對曰：「成王幼年泣祚。」王頗不悅，遣還。迨壬寅年，靖王崩，鄭榦以六歲嗣位，超之對句，蓋先見之。

丙午（昭統之前元年。）年三月，超謂鄉人曰：「今年六月，黎鄭易位，天下大亂。（西山之亂十八年。）我欲尋避亂之所，有肯從我否？」人以爲迂濶而不之信。遂別父母而行，不知所之，今不見其踪跡焉。是時，超甫十三歲也。

【一四】陳伯儆記

伯儆，天祿土旺人。年長不娶，惟留心翰墨之場。時遊京師，屢屢夜死而旦復甦。家主疑其中風，每爲�燻爟。儆乃以實告：「我本無病，惟每月之朔望日，上朝帝闕，公同議天曹。嗣後，值此等日，見有復然，但頂着衣冠，燃燈後醒耳。」家主信之，自是月以爲常，不復驚悸。每朋友來者，多問以天上之事，則秘而不宣。或問：「吾兄歷遊天曹，則已身功名，國運隆替，可得知乎？」亦云：「天機至密，莫敢泄漏。惟我於二十八歲領鄉薦，二十九歲復還補天曹舊職；而鄭亡於丙午，黎亡於戊申。存我身後事，蓋亦不必贅言也。」至景興戊子，鄉試一舉，已丑年二月卒。

【一五】關中黎敬記（一片善心，全家顯達。）

黎敬，東城關中人。少中鄉舉，會試三科不第，遂居家教子幾二十年，爲鄉翰林，無復禹門之望。永祚戊辰科，鄉中痘疫大作，公之鄉人有二子死于痘，父母廢置牛欄，不使將葬。乃命家人，索席裹衣，埋于野外。是年三月，勑旨會試，公夢見二兒來，謂之曰：「公今應試，必登進士。」公曰：「我幾二十年無心翰墨，文思艱澀，參之會文倍倍，如聲之無相。」二兒曰：「吾輩係是星曹小吏，宿直于南曹星君之所，面見定玆科十七進士，列名放榜天門。吾輩感君之恩，極力推薦，云關中黎敬一向爲善，不表斯人，何以勸世！幸承許之，君名預列，實已親見，今來報喜，愼勿泄漏。」時試期在邇，公命舍人促治行赴京，鄉人莫不莞爾而笑。

公入試，至第三場，詩失粘，賦重韻，友人見之，謂無中理，只當早早回程，免生他費。公曰：「彭祖無夭死，卿第觀之。」內場放點，公卷已被黜落，但糊名時，吏房寫公名于京北安豐人卷。榜出果中。明日入第四場，公題訖，句句都自忘了。忽見二兒掇拾文詞披遞，公乃綴拾成卷。迨文亭掛榜，是科中格十八人，公居第十。後仕至工部尙書碩嵩侯，贈太保碩郡公。生子黎敎，中福泰癸未科進士，仕至宰相。

夫公之所施者小惠，而報之如此其速，所謂勿以善小而不爲，信哉！

【一六】長僕阮公欣傳（正敵千邪）

宣義祠在興元縣義烈山之下，陳末明將與黎太祖戰死于此，稔有靈應，鄉人立廟祀之。或云明將卽柳昇也。其祠最靈；錢多布地，人不敢取。驩州風土記所謂「宣義之金錢滿地，握取何堪」是也。景興戊子年秋節，南塘縣長僕社阮公欣應考承司，與五六人登山浴溪，共入廟中。公欣大聲罵伊神曰：「汝以北方債將，南國覊魂，何得昂然作上等靈神，而受南人之享乎？」因毁裂其帕傘。已而各回駐所。是夕大熱，痛迷而不醒者。二更許，衆咸懼曰：「此宣義神之所譴責也。」至鷄鳴，公欣大叱一聲，翻然而立。衆叩問之，公欣曰：「我備（被）宣義神訟我于湖口祠昭徵大王，我懇請以明日入考先期，敢乞考後，復來應訟，王許之，故得歸耳。」伊日入考，行文甫畢，忽見一人持墨硯覆于公欣卷上，墨水淋漓，字不可辨。承憲官使公欣再易別卷。後唱名，預中第一。

是夕，回駐所，見伊復至迫之，公欣服長衣筆硯謂衆曰：「今夜我乃應訟之期，衆忽（勿）驚懼，但這訟我決得直，可保無虞也。」偃臥而逝。平旦復醒，衆人見其面有喜色，爭問之，公欣具道：「我至湖口祠關外，有一人引入。見有一人狀貌魁梧，白齒編髮，衣服參差不齊，立于王左。公欣立于王右，王謂曰：『汝讀聖賢書，豈不聞鬼神爲德之義，而輕蔑尊神如此何耶？』公欣曰：『臣讀聖賢書，聞有功於民則祀之，捍災禦患則祀之。今宣義神無此數者，而濫受朝廷勅命，爲上等神，不幾於行肉走尸之謂乎？此臣所以不平也！且前此陳末，南國生民肝腦塗地，率是此等之由，臣若與之同時，誓當飽喫其肉，況復崇祀之乎？』王首肯者久之，曰：『彼書生所言有理，不必窮查。』宣義神面黑如土，無辭可答。王揮公欣使退，謂之曰：『駡之已甚，況毀裂帖傘，公之過也，嗣後勿復爲此。』因拜謝而去。」

可見邪不敢敵正，以公欣之剛，宣義神不能屈，世之儒者媚事滛神以要福，聞之可不厚顏乎！

【一七】 進士阮秩傳

阮秩，弘化月圓人。二十一歲中貢舉。家貧廢學，以飯牛爲業。能奉事柳杏公主，每年春節，有買牛祭者，只取本價，不求息錢，凡二十年。永祚癸亥年正月，阮秩夢見自到天曹，百神共會，定取今科進士，相與語曰：「塵世許多人，幾得似阮秩之好心乎？不表伊人，何以勸世？」叶以阮秩名舉，請南曹星君判曰：「吾聞阮秩廢學已久，如何做得文卷？」百神請曰：「但許中格，若四場文已作命京北人作。」乃以阮秩塡寫，凡七名，皆得放榜于天門，而呵吹則一夢也。

至試期，阮秩束裝赴京，月圓貢士凡二十人，自與相笑，每就客館，戲令阮秩辦一酒筵，相與阮秩禱進士疏，焚奏于天。及第三期，竝預中格。明日入場，夜夢神人告曰：「須當備用姜（薑）鹽。」既入場，寮席完畢，長打一眠，至申時方起。傍有東岸縣人潘解元，行文既訖，未及題名，忽腹中大痛難忍，謂秩曰：「我卷策既完，文亦充贍，但卒被暴痛，勢必難免，今許自題君名投納，爲我扶出場門，亦一幸也。」秩如其言，卽自題名納卷，因取姜（薑）鹽，許以助痛，卽爲擡出。纔到門外，潘解元遂故。及出榜，秩中進士第二。

至庭試日，秩卷只寫得「皇上制策曰」五字，餘皆曳白。是夜，鄭王夢見婦人朱衣長髮，來就枕前，訴曰：「全禮上拜，謹予『秩薑』得期。」❶如此者三次。明日，考官洞達今科進士阮秩卷曳白，自古未聞，忝望裁斷。王問曰：「秩字如何？」對曰：「禾旁失字。」王又問：「失禾何？」又對曰：「失禾秩薑。❷」王暗想夢中相合，以爲進士，天數已定，人不能違，命是科酌賜黃榜，據會榜出許榮歸。

阮秩自知爲人嗤笑，不敢以科目驕之。官至工部給事中。常訪潘解元之子，爲之報恩。後生男子十六歲，又中清華場解元。

【校勘記】

❶ 此段原為字喃，今譯作漢文。

❷ 此句亦為字喃，今譯作漢文。

【一八】杜林潭記

（伊夫之齋戒三日，卽伊神之相雜三日，及為霹靂之所以打，猶抱伊妻而死，亦可謂妥亡靈。）

義安興元縣杜林社，本是平地，忽然突出一潭，廣濶四五十畝，最着靈異。鄉人立廟祀之，勅封上等神。每年春祭，府縣官欽命就祭時，擊鼓三通，則潭水漲滿，蛟龍魚鱉，亂掉水面，不可勝數。祭畢盡退。

景興壬戌，京北人倡優名帶玉，就唱於杜林亭。其妻甫二十歲，姿色甚美。夜半，潭水漲至亭前，襲取伊妻而去。其夫不勝憤惜，齋戒三日，作檄文焚之，奏于上帝。頃刻間，雲霧四集，風雨雷電大作，霹靂聲振數千里，打於潭內，大小魚鱉，盡爲浮死。雨霽視之，見蛟龍大十圍，長十五丈，頭帶朱冠，抱伊妻而死。

帶玉負其妻歸葬焉。此潭嗣後不復靈應。

【一九】至靈阮邁傳

阮邁，至靈寧舍人也，世傳公乃莫氏後裔，故命名多從草頭。以正和辛未科第二甲進士。夫人雙生二男，長十六歲，皆中鄉貢；旣而皆以病沒。公甚傷惜，乃求法門攔性至天門，見二子雙乘雙馬，自門中出，遇公不問。公卽牽持馬轡讓之曰：「二公由我門出，甫爾離別，何遽無父子之情？」二男下馬謂公曰：「我等宿列星曹，領承帝命，降爲公子。但公提調清華日，枉殺二子。彼等含寃，訴于上帝，復以我等替二子命。生爲公子，死非公子，不必枉懷痛惜也。但嗣後勸加功德，訓示子孫，否則有掘塚滅族之禍。」言訖上馬而去。

公後仕至禮部侍郎男爵，奉差鎮守山西而卒。贈禮部尚書郡公。

厥後公之孫妄行讖記，起兵于庚申年，自稱明主、明公，朝廷掘公之塚而滅其子孫，果如二子之所囑云耳。

【二〇】馮尚書傳

馮克寬，石室馮舍人；人以爲程狀元同母之弟，卽先明阮尚書之子也。光興庚辰科中二甲進士，仕至戶部尚書兼國子監祭酒梅郡公。每自家赴京，憩于雲耕橋，有老人年七十餘，每見公卽掩面大哭。公召問故，老人曰：「癡老無知，萬望長官恕罪，敢以實對。」公曰：「何害？」老人曰：「臣觀長官形貌手足，面傍有痕，酷似老人之子，十分無異，是以見貴人而思及子耳。」公曰：「老人之子死何年？」對曰：「屈指計之，已四十年。」公曰：「老人之子前有學否？」對曰：「老親二十歲，生得一男，長六七歲，以神童名。及十三歲，應考稍通，擢山西處首選，未及入試場而死。」公曰：「今有書籍頗存乎？」對曰：「尚留二篋，極心憐子，猶自珍重。」公命取來一看，則字跡與公正無差異；詩文賦六，皆公口氣，公以爲奇，遂命迎回，養爲義父。

公奉使北國，名振燕京。厥後被謗，謫于義安城南所，漆其口。公有國音歌曰：「南城高郭齊天地，旅途熙攘入德城。❶」故義安橋寺碑多有公名。後贈少保，封福神。

【校勘記】

❶ 此段原為字喃，作「𣾼城南拱坦𡗶，路羅𨖲祝𠃣尼德城。」今譯作漢文。

【二一】 阮尙書傳

阮公沆，東岸扶軫人。母生公夜，其父夢神人告曰：「公當灑掃門庭，有王安石來。」已而生公。父素無識字，以此夢問人，皆曰：「此非常人，當君之門戶。」及長，有神童名。正和庚寅科二十一歲少雋同進士。歷仕吏部尙書太子太傅，爵朔郡公，管中銳軍營。富貴風流，當世無比。

公之爲政，頗事更張；性執而偏，大類王安石所爲。嘗於坐邊粘對句曰「六七華姓字，人但知南國大臣；十八子宗祧，誰能識北方正氣？」公之意，本自謂李氏之苗裔也。又欲開丞相府與鄭府相對，且陰葬九龍大地，爲人所訴，貶宣光處承正使。鄭王陰使鎭官雲郡公，掘穴殺之。

【二二】 阮左泑記

左泑乃宜陽春左泑人，姓阮字德玄。少時家貧，以借傭爲業。常遊浮石江，有北客人被溺，公救之得免。客人謝以古錢百貫，公辭不取；又彊取其半，公亦固不肯從。北人嘉其心好，謂之曰：「看公之面，眞是仙丰道骨，自非碌碌庸人。不若與我同歸北國，教以地理可乎？」公卽隨往赴廣東。

公素少學，宗師以術教之，聚米作山水龍虎之狀，以教之點穴。公性通敏，纔三年，而術法畢精。欲求歸，宗師命聚米作百穴，陰置錢文於下爲識，使公自點。公點得九十九點，惟差一穴而已。宗師喜曰：「吾道南矣！」乃拜謝而歸。復賜以捉龍一面，及押土地符呪畢授之，曰：「非南國所有也，宜秘之。」且戒以義安眞福有一大穴，不可妄許於人，否得累及宗師。

歸家日，欲改祖先墳墓，兄弟皆不肯許。一日，記得宗師之言，往眞福尋穴。到同藹處，認得一穴，祖山自鴻嶺而出，三十六岸龍來朝，次浮石江作明堂，千兵萬馬，排布羅列。私念此是大地，若葬之，則十八國諸侯來朝，繼世帝王，綿綿不絕。但私自留己，不向人言。

公以己志不遂，歷覽山川，往於弘化縣筆山社。自念吾不小試技術，無以取信於人。乃謂人曰：「此有一穴，寅葬卯發。若葬之，得財許我十分之一。」有一人請之。黎明，公取伊穴葬之。葬畢，紅日始出，伊人持揷洗足于江，見一溺死，又欲收葬之。忽於懷中得二包，視之則皆白銀，得五十笏。公取五笏而去。

至清廉縣，認得一穴，謂人曰：「此處有一穴，葬之一月，若發，許我錢二百貫。」有富家翁奇其言，請葬之。時朝廷莫將莫敬度戰于金榜大敗，敬度遁脫，有奉傳捉得敬度遞納，應許一代郡公。逮二十日，富翁見一人入于彼家，謂之曰：「我卽莫將敬度也，遁逃至此，賜我一飽，吾爲若德，願以身納。」富翁許食。食訖，卽捕縛之。時鄭王進屯于橋珠，命納軍門。朝廷認果敬度，卽頒郡公爵。遞勑回，正滿一月之數。富翁以錢百緡贈之。公取三貫爲行李充贐而已。自是左洶之名，聞於天下。

公週遊四鎭凡二十年，如嘉平、仁友、寶篆、卓筆、慈廉、安決、東岸、翁墨、河魯、良材、陶舍、安浪、理海、金線、超類、大澤、嘉林、驍騎等縣社，大則尙書、進士、駙馬、宮妃，小則中場巨富，皆公所葬之地，不可枚數。及到慈廉、天姥，認得一大地，欲爲陳家葬之。纔置捉龍于地，覆之者三，公卽呪召土地神問之。伊神言「此地當發三代國師大王，子孫公侯不絕，天已定許阮貴德之家。陳家德薄，無以稱此，若違葬之，必累及身。且公週遊天下，多能造福於人，而不能得一吉地以葬父母，當念惜可也。」公自是檢來悔過，退歸本鄉，不復輕許。

公昔平生得二男，家貧不足，蓋曾爲人擇地，而不曾取人之財故也。年六十五，病篤，命二子擡至同蔿處地局，手自分金以葬。纔及半途而沒，事不果焉。夫南國地理，莫精於左泑，但能造人之富貴，不能救其子之貧賤。則凡人當以修德爲先，而地理之用方可取。若專用擇地之墳則狹矣。

【二二三】 雲耕節義記 （一生節義，萬古留芳。）

李陳樌，慈廉雲耕人也，陳賢之外孫。父爲東岸知縣，生二男，長是公，景興丙戌同進士；次陳⿰木頁，己丑科同進士。公歷仕海陽憲使，高平督同。然淸白自持，居官無玷；善於訓誘士子，弟子成名頗多。

丙午年六月，値阮整之亂，端王命公撫諭三帶府，撥取丁夫以入備。二十六日，京城失守，端王渡江而西，將依雲谷社碩郡公。纔經安朗夏雷，聞公撫諭地方，暫停館舍寧息，詐謂行參官使人召公。公出見端王，卽望詣伏拜。端王目止之。夏雷人名巡莊儒、椰素是刼渠的漢，窺知，陰相謂曰：「必是鄭王出奔，當捉獻阮整，以做大功。」已而端王行過夏雷地方，莊等卽速進捉。公聞之，亦就處善以義喩開曉，他終不聽。二十八日，掖王下船，囚將解納，王遂自刎而死。是時，公在夏雷寨外，聞人道端王已死，公以筆書曰：「國破君亡，撫諭無狀，不如死。但恨不死於王之前，而死於王之後。」遂以刀自盡於二十九日。

阮整以莊等有功，便許莊爲山西正鎭守，椰爲副鎭守。八月，阮整班師，昭統皇帝差捉莊等二人，將于端王墓前斬之，而封公爲大王福神，立廟以祀之。時有藥溪監生作詩挽公，有云：「孤竹頑周猶茹菜，逢萌忠漢僅投冠。」二句意思高遠，足以白公死節之心，故亦記之，以勵世焉。

【二四】裴仕暹、武公宰傳

武公宰，安朗海貝人。以解元宏詞士望，三十六歲爲山南憲副。甲午年，二司欽命勅旨考覈稍通，時東關經縷裴仕暹以才學自負，目下無人，適坐館舍，見憲副官騶從甚盛，人皆起立，仕暹偃然獨坐，且曰：「吾以爲憲使官，乃憲副官，何勞匍匐！」公宰聞而疾之，詰問姓名。仕暹報名：「東關裴仕暹。」公宰出對云：「小兒非衣。」仕暹應對曰：「孺子為宰。」蓋公宰以小兒鄙仕暹，故仕暹以孺子輕公宰耳。

及入考，公之文必在優等，誰能唾手。仕暹曰：「縱得參政憲使進士官點正，必得高第；若遇嫩手，未審如何！」公宰聞之，尋仕暹卷吹毛求疵，故擠之下第。但文辭充贍，果擢首選。乙未科會試，仕暹一舉進士，使人過公宰家，大呼曰：「裴仕暹中黃甲！」公宰慚忿，遂辭職回家，極力肆習。戊戌科中進士。及對策中第一甲第三名，使人過仕暹家，大呼曰：「武公宰中探花！」二公以言辭相激，皆能造于大成。故人致身相將，往往因厚激而致之。

厥後公宰以參從吏部尙書郡公爵贈少保致仕。仕暹以直諫得名，皆不負科名云。愚按仕暹作太宗得失總論，眞是文林巨臂（擘）。

【二五】鎮武觀神夢顯應記

玄天眞眞君，北國人❶也，生而神異，長十二尺。我國立廟于西湖之上以祀之，鄭王命以黑銅鑄像，重三千六百斤，士子應試，皆就觀求夢。但夢所見，玄冥難測，事顯後方覺耳。

唐豪遼州苑公著夢見寫一字于掌中，公惶恐不敢向人言。已而公戊辰科中第三甲同進士出身，仕至參從吏部尚書兼東閣大學士，掌六部事；少保國老燕郡公，贈太宰，致仕而卒。史官書之曰「范公着甍。」其子孫始驗云。其後子范公顯質素聰明，而性能好學，十八中舉人，二十一中狀元，人皆謂應此夢也。後執政仕至左侍郎，被驕兵打于府中。鄭主痛惜，贈兵部尚書郡公爵，進封福神，錄用子孫，命斬仍二、仍輴，將祭于公之塚，而此夢始驗。

至靈樂山阮明哲夢見詩句云：「讀書到老未成名。」公亦懷悶，怠於焚膏，以堂郄任安老、不拔二縣知縣。至德隆三年辛未科中探花。

光興十五年壬辰科，安定眞沛人鄭景瑞夢見擡北國二人而行。及出榜，中三人，第一吳致知，第三吳致和，而公第二。

景興四年癸亥科，會科天下貢士二十人，中有京北處監生阮德元、海陽處范名元，夢見神人謂之曰：「今科進士，必是雙元貢士也。」二監生甚喜。既而第三場竝落名。及至文亭出榜，中一農貢縣蘭溪社阮侻，乃「雙元」字也。

正和四年癸亥科，仙遊懷抱人阮登道與東岸扶溪人郭佳共宿，登道無所見，即起以筆題于壁曰：「鬼神不識人間事，我始茲科中狀元。」郭佳後起，見有以一枝花許之，謂曰：「『識』字改作『露』字。」是科登道中狀元，郭佳中探花。

景興三十六年乙未科，裴仕暹夢見人告之曰：「汝終身小十八。」已而是科第二甲進士，至庭試猶註「小十八。」」

保泰二年辛丑科，青池縣仁睦舊社張時，夢無所見。夜半倒足踏於像前，見人來罵曰：「天黃甲何得無禮！」是科張時二十一歲，中黃甲。數年而卒。

延河黎貴惇始中解元日，夢見賜「坎兌震艮」四字，終不能辨。及中景興十三年壬申榜眼，公始覺驗。大凡如此之類，難以枚舉，姑記所聞一二事，以顯其應驗云。

【校勘記】

❶「人」字原無，據文義補。

【二一六】阮憲副假子（世人可為深戒，無致後悔。）

阮憲副，弘化人也。夫人產下五六番，全生是女，公以年外五十，未獲熊羆，日常悒悒（悒悒）。日者由保舉得除義安憲副職。及赴任，夫人有娠，臨盆日，復生女。公以官事他去。而是夜滿江人之妻生男子，夫人密令親人厚金銀財物，以己女而換取彼男。他亦利其財而從。

數日公還，夫人誑謂生男。公大喜。週歲，命名曰維熊。長六七歲，睛赤而髮赤，惟好涉水，頗怠於學。公以老蚌之珠，十分珍愛，不曾加箠楚，故不彊使之學。迨十八歲，値公父忌日，公偶感微恙，不敢當風，命維熊代行拜禮。公在睡中，忽夢家中具饌陳列，又見漁人朱髮赤衣，或托罩，或持網，群坐而食，而公之考妣，只立其旁。夢醒，日思維熊形貌，酷似漁人，乃私喚夫人道以夢意，且詰以前日或曾與漁人私通，當以實告。夫人不敢隱，遂以換易之事詳暴。公卽使人就義安任所，尋訪故漁人看認爾女。果見客貌資質，與公形狀無殊，乃命漁人以此女配維熊。具問貫址，則是漁人亦是弘化人也。

「不孝有三，無後為大。」人而無子，當養兄弟族屬之人，若養他人，則非我血氣，殆類鵲巢而使鳩居之。觀諸古孝，何由之傳，而參之此傳，可不謹哉！

【一一七】 四子登科（幾度飄蹤，一朝聚首，何喜如之！）

清華農貢有一人，少時豪傑任情，不爲小節。鄉中有郡公之子，挾以功臣之勢，凌轢鄉人，彊娶人女，白奪人財。鄉人苦之，無所控訴。伊人不勝憤，夜入彼家，懷刀刺其頸而死。明日，自別家人，遠赴山南。

至天本，寓于富翁家傭作。富翁女見其人伶俐，私與之通。已而有娠。三四月，富翁窺覺，卽逐去不容。後生男，遂編己姓名貫址，留遺這女。而居海陽居（郡）安陽市，以商賈爲業。娶陶氏之女，再生一男，而琴瑟不諧。去之京北良才，復娶杜氏之女，亦生一男。數年又去而之山西石室，娶于潘氏之女，又生一男。且以不習風土，去而居京師，以傭借生涯。及後四男長成，皆中莫朝進士，不知其父之踪跡存沒如何。但私記母氏所言，知其姓名貫址而已。

迨伊人年八十，被他人嫁禍，繫于御史獄。是時天本人爲都臺官南、安陽〔人〕爲副都官東、良才人爲僉都官北、石室人爲監察官西，皆出公堂勘問。見伊老謂曰：「吾觀案內，此人必是被誣，且老耄底人，情屬可憫。」召問：「老人春秋幾何？生有幾子？」對曰：「臣少時放浪江湖，週遊四鎭，曾有得四男，久已不復往來伊處。今年八十，只記縣社而已，不覺諸子做得甚麼藝業。」四官命詳言貫址，及所娶之妻在某處，老人一一歷陳，具以實道。四官相駭面視，竝抱老人竝哭曰：「此實吾輩之父也！」以其事聞于莫主。莫主召問，賜以衣服，封三品官。數年而卒。

【二一八】前刼輪迴事

尚書吳致和，東城里齋人。少時遊學京師，舍于另兵之家。家之隣乃仁睦社兵番，有女十八，見公而悅之，遂有朱陳私誓。伊父母不曾覺，嫁于本鄉人。女不肯從，至聘日，夜三鼓，女到公家而自縊。公惶恐不覺所行，暗掘床下，以朱寫于女之右臂曰：「此緣今未了，再結後生緣」而埋之。夜深寂寞，無人知者。嗣後，公托以他寓，而兵番之家亦不知其女安往。迨光興十五年壬辰科，公中進士。六七年，公爲山南左參政，門外有女十六七歲賣芙蒥，公家人嘗見伊女右臂有此詩二句，入以告公。公命召看，則宛然公之詩句字跡也。公乃喚伊父母，具述緣由，以幣聘之，納爲繼室。時仁睦兵番爲山南丞相司長吏，聞公道來，始覺其詳。公以事希奇，頗亦敬待長吏。有好事者，呼長吏爲假父翁，公爲假女壻。

又參之良才縣良舍社尚書武璜，少年始中監生，娶東岸翁墨掌六部尚書潭君之女，甫十六歲。結髮半年而潭女沒，公甚哀痛，以朱筆書于臂曰：「尚書之女，監生之妻，子其曷去？予懷之悲！」光寶丙辰科，公中進士。十年，爲山西參政。安樂有一女娶夫，不諧琴瑟。伊夫告背，其夫歷府縣，復翻于丞相公之家人，見此女有數硃字。伊母言女初時，已有此痕跡，農夫面墻，曾不知是何文字，彼密記之，以告于公。公曰：「此我妻沒時，我手所書之詩句也。」命喚伊女看，果然公之字筆。公遂納爲次室焉。

【二一九】縣官阮名舉傳

昔黎保泰年扶康人監生阮名舉爲立石知縣，設心狡險，多出入人罪；上司官莫能發其籠罩。

縣內有人相爭田界，殺此三人，苦伴乞縣府官來勘。名舉陰受原伴所賂三十六貫，伊日，陰使家人，潛到屍所，一屍盡割其髮，一屍割其陽物，一屍割其鼻。明日衙前出尸排驗，編案既成，名舉曰：「這人命與苦伴馳淸單兩不相叶，必是陰殺僧人宦者，刼渠以嫁禍於人無疑矣。」陰復誘屍之親人，各賜以錢而和休之。

迨滿任，陞慈山知府，有安豐縣老人，家資巨富，前生一女，嫁于村內之人。老人七十五歲，又娶小妾，生獲一男。壻欲兼幷婦翁之鎡基，與老人爭訟，謂這男子非眞老人子，覆于府衙。名舉受賂百銀，斷其果非眞子。顚倒案文，息其鳴覆，遂使人無嗣。

名舉自滿任回家，錢累巨萬，田有三四百畝。坐下一女三男，皆已長成。長男不嗜學，剃髮出家；次男自割陽物爲閹人；季男酷酒，被讐人割其鼻，數年亦皆迹泯。只存一女，嫁于東岸之豪彊。名舉年近八旬，別娶一妾，週年而生一男。其壻謂人八旬，豈復有生男之理？訟之于官。勘官亦陰受賄貨，援以安豐老人之故事，斷其非眞名舉之子。而家財田產，遂爲女壻所有，卒至無忌臘焉。可見天道好還，出乎爾，反乎爾，見名舉之事，可不畏哉！

【三〇】螺大王傳

昔黎太祖洪德年，義安宜春陳監生、天祿楊監生赴城會試，至玉山壕門，得一大螺，戲作勅封螺大王，置放于水。是年，二監生入場皆落名。

留京三年，及回到伊處，見殿宇崢嶸，廟貌巍峩。憇于館，問老人曰：「此處三年前只見一塊平地，今遽見一簇樓臺，何昔無而今有也？」老人言：「三載前，有二士子獲一螺，戲封爲神。數月餘，最著靈異，故伊社立廟以祀之。」言訖，忽見一童女，致辭于二人曰：「奉吾主命迎兩官人。」二人隨入伊廟。螺神方御在床，下皆隨接。二人坐于左，神坐于右，曰：「妾以南海龍王之妹，偶因他事遠行，遽爾迷路，至從水潮。幸遇二公物色，復加褒贈，今則管爾地爲上等神，實賴二人之靈筆也。」乃命守祠整備酒筵嘉殽貴品，款待二公。二公❶曰：「大王最是英靈，凡諸士人應試之事，可知之乎？」螺神曰：「定取進士，乃天上之事，與龍君不相干。但三年一期，玉皇勅委星君下水府取士人簿，察其文章德行，觀其祖父陰德，然後放榜于天門，這事妾固知之。二公所欲識來科應舉之事，可於來年正月到此，妾願以二公保舉，庶可報萬分之一。」居數日，二人辭歸。賜之衣一襲，錢百緡，曰：「乃潤筆之資，可供行李而已。」

甲辰年正月，二公踐其言而往，入謁伊廟。螺神請二公：「姑寓此，候妾報信。」螺神乃往朝謁上帝，正値公同取進士，始得十五名。螺神以二監生保舉，南曹命取簿觀之：「宜春陳監生之父家貲巨富，用心堅密，不曾救一人之貧。天祿楊監生之祖爲知縣，顚倒案詞，出入人罪。但以努力讀書，皇天不負，應至縣令矣。」伊神歸具以報，「且今科甲辰進士四十四名，狀元乃平吳人阮光閒，二公不與焉。」後出榜，果如其言。厥後二人皆至知縣，如神之所報云。

【校勘記】

❶「二公」二字以重文脫，據文義補。

【三一】狀元阮甲海傳（母子相見，廟宇追崇，係是一般行義。）

甲海，鳳眼郢計人也。或云：公乃嘉林鉢場人，爲郢計富翁之養子。公未第時，往遊城都，舟次菩提津。見一人捕得大龜，長二尺半，將烹而食。公買之，邀價十五緡。公出家錢，買取此龜，懷以入京，寓于另兵之家。只有師弟二人，每早時未飯，鎖其門，與弟子往赴冑監習文。迨暮歸，門鎖如故，入家已見盤上羹飯整齊，公不覺所由。一日太早時，公托以他往行文，潛伏家後竊觀之。見一美女，自龜殼中出，年方十七歲，粧點十分做好，燃火取米煮飯。公突入直抱之，女曰：「公以形骸索我，願具道其詳。妾以南海夫人之女，偶以他事遠遊，爲漁子所獲。向非遇貴人物色，幾入於漁子之喙矣。感君高義，捐軀以報，未能償其萬一。」公潛以龜殼蹙于函中以鎖之，自是相與居處，不啻夫妻。

女謂公曰：「君與妾有邂逅之緣，久處亦不便，不若與我同歸紫閣，得省夫人，庶可報君之德。」公曰：「我方劬力焚膏，若隨汝則工夫間斷。」女曰：「公自無憂，我居之旁，有先生講學，乃是天本高香粱狀元。君如有志，卽是程門立雪之處也。」公聞之大奇，然欲舍不能，姑從之，試觀如何。公乃取出龜殼，女入其中。公將到故處，龜踊水出，撥開水面，公隨其後。頃之，已至殿閣，同與公入謁夫人，具道始末。夫人大喜，乃處於殿廊，覘之，則無殊子壻。居數日，躬詣講堂，果見學生三四百，先生在上，方講易經。師弟問答，與塵間無異。公坐於下席，先生指其面曰：「此人眸子光而面澤，骨格清而神華，必是塵間之人也。」因問之。公以實對。先生曰：「我平生遭遇聖宗，狀元及第，策名騷壇，不負所學。但嘗撰佛經十戒，貽笑儒林，至今齒冷，君無效尤。我嘗朝上帝，評論德行，必是甲海，定作來科狀元無疑矣。」又謂之曰：「莫氏篡黎不過六十年，天下復爲黎有。可惜程狀元以文章高明之士，不遇其君，五場優分，名則高矣。但流芳天下，後世將指爲胡季犛（犛）之劉投險阮廌耳！」一日，公乘閒，訴夫人願以回家。夫人許之，謂之曰：「公衣鉢眞傳，文場首選，他日當記吾言。」使人送還至京師。

時試期已近，公未便省親，投名入試。是時莫大正戊辰九年，取進士三十六名，公中狀元。

乃適天本高香拜狀元之墓，人莫覺所行。

却說公榮旋之後，每見富翁多為非義之事，輒諫止之。自知己非富翁之子，但莫究根由，無從質問，惟有潘訓導年八十餘，家亦近焉。公密使家人，每日早時，放馬于訓導之家園。訓導言曰：「老人有何報應，而園中蔬菓，被馬蹂躪？」乃扶杖逐之，大罵曰：「萍梗餘生，濫蒙登第，安敢以藤蘿凌松柏」等語。家人卽歸具以報公。明日，公整衣服，適訓導之家。訓導惶恐出迎，公以年讓之上坐，低聲問曰：「敢問尊伯某甚處人？願以實告。」訓導言非是郢計富翁之子，三十年前，富翁行商，泊舟于鉢場津次，見近江邊家婦人有一男子，乘其江濤。富翁乃命家人盜抱下舟而歸，屈指計之，伊婦人年近七旬矣。公謝訓導而歸，頗憶南海夫人之言，有「衣鉢眞傳，文場首選」等字，驗此我是鉢場人也。迨赴京奉侍，乘此小舟，往來鉢場之地。見一老婦，家居近江邊，年屬從心。公喜覩老婦之貌，而鏡照己之形，相似五六分，因問曰：「伊老婆居此，一身惸惸，子孫幾人？今年幾何矣？」老婦言：「某六十一歲，前年嫁鉢場人，纔二月，而夫沒，亦未詳夫君之姓名，夫君之父母。幸得有娠，生獲一男，甫爾兩遭，不意偶因他適，兒在家中，却被商人盜抱下舟而去。及回，聞人道來，亦不知其踪跡何在而追尋也。」曰：「老婆之子數歲，有痕跡可記乎？」老婆曰：「我兒背後有赤痕，圓如錢文，肩之左有二詩字，掌之上有母字。他日大成可必，只惟記此而已。」公卽解其衣，謂老婆：「試觀可似老婆之子否？」不謂理心應觸，母子相抱而哭。

公復仕莫，官至尚書策國公。生子甲璜，亦中進士。嘉林文會以開科配享聖宗，為後賢之首也。

【三二】 白犬三足

山西立石縣，兄弟二人，家極貧，居于山下，日日賣柴買食。家有犬生白犬三足，人皆以爲不祥之物，命棄之，伊不肯。日者有北客人，木土形骸，乞丐于其門。兄弟以羹飯款待，客曰：「我非眞人，乃守財神也。前者明將馬騏於此處埋藏金一千斤，銀三萬斤，使我守之，期以百年來取。今已滿期，無人來認，我輩欲棄而歸。但惜郭家金穴，不知屬誰家耳！今見爾兄弟有心敬我，願以此財許之。但得白犬三足，然後可耳。」伊兄弟出犬示之。客人曰：「此天之所以賜汝也。」命宰肉措於此處以祭。已而客人不見，忽見石門拆開，金銀山積，兄弟取之以歸。時莫登庸僭位，二人懷金百斤，銀千斤，因內臣以上遞，爲賀新君登極之禮。登庸大喜，封二人爲郡公。二人旣歸，大開園宅，營立貲產，富敵公侯。

二年後，見北國五六人，到處僵臥大哭。二人問之，彼等謂：「吾乃馬騏之後，前吾祖埋藏金銀，現有識記遺來，不知今被何人掘取盡了？」二人曰：「我輩得之。」客人曰：「取此必是有白犬三足，方可得之。公輩安能自得？」二人曰：「我家前有犬生白犬三足，人以爲怪物，欲殺之……」客曰：「然則實天之所予也。白犬三足，只惟廣西有之，今產於公家，非天而何？」因取所牽白犬觀之。二人以金三十斤、銀百斤，贈客等爲行李之贐。已而客拜謝而去。

厥後黎氏復國，鄉人訴以二人得財進莫之事。朝廷封識其家，田產財貨盡沒入宮，其子孫仍復饑寒本色。然則此白犬與塞翁之馬，孰得而測量耶？夫陳末失馭，而明人來占我疆土，盡掠我財貨，崇積私藏，以遺子孫；而莫用之於前，黎用之于後，南國之財，盡爲南人所有，天道安可誣哉！

【三三】 鬼母報復傳（鬼母宜深戒之哉！）

鬼母卽繼母也。周尹吉甫娶後妻魁氏，魁氏鷙悍，待伯奇等以非義之事，每謂人曰：「當畏此鬼母！」蓋借魁爲鬼母。

昔有羅山阮監生，娶前妻，生下三男，年已長成，皆不廢箕裘之業。前妻沒，後娶鄉中之女陳氏爲繼室。陳氏性妬而鷙，監生不能制，所言皆從，人皆笑以爲河東獅子。陳氏謂監生曰：「家有男子，不早爲之料理，而焚膏繼晷，幾幾多年？倘遇凶年歉歲，將何所賴？」遂命撤其學業：長男入山林採薪，次男入水捕魚，季男爲人飯牛。兄弟不勝辛苦，一惟父母是承——採薪者其身黑，捕魚者其髮赤，飯牛者其體癯。——不曾爲蘆花之憾也。數年，陳氏生男子，兄弟曰：「吾父已有嗣矣！吾輩可以逝矣。不然糜灰井泥，噬臍何及！」相與逃於山南之外，居于膠水市，晝則傭借以供食，夜則兄弟讀書，更深不輟。鄉人叩其所行，則秘而不言，莫不奇其事，而愛士人，爲之構數間茅屋以居之。一年間，錢飛入室，得三四十萬，富翁以女妻其兄爲妻，伊兄弟同居，營立家產，大開園宅，瓦屋數十間，田有五六百畝，爲縣中巨富家。

却說陳氏生男之後，監生沒，家貲罄竭，無所依靠，携子乞丐於山南膠水，入于伊富家，自乞爲奴，以澣濯牧牛以糊口。富家妻許之，處於灶室一年許。富家兄弟不適于厨灶，莫之識也。一日，陳氏澣衣于池，遺失絹衣五六領。富家之妻性鷙酷，治以負蹬之罪。適富家夫就灶，見而問之，其妻具以實告。富家夫見伊言語，則義安之聲，看其面，酷似陳氏之面，心頗疑之。使之釋其罪，甘心撫慰，探問根由。伊言：「乃義安羅山人，原嫁監生夫君，前已三男，不知何所之，十二年來，沒無音信。我一生獲一男，不幸夫沒，家計單寒，故捐身至此。」遂覺果陳氏。明日，命妻賜錢十貫，衣一襲，任使母子他適。陳氏不覺其故，問伊社人道來始末，始知伊富家，乃伊夫之子也。慚憤自縊而死。富家兄弟❶始聞父喪，裝載財貨歸葬。今其餘派猶存于膠水焉。

【校勘記】

❶「兄弟」下衍「兄弟」二字，據文義刪。

【三四】阮氏點記

阮氏點，海陽唐豪人也。監生阮卓輪之妹。五六歲讀外紀周威，習作對聯云：「禹之心，從可識矣；堯之功，固不鉅乎！」又出對曰：「白蛇當道，季拔劍而斬之。」對曰：「黃龍負舟，禹仰天而嘆曰。」兄以是大奇其才，命之專習翰墨。十五歲，文思大進，嘗坐窗前對鏡，兄出對曰：「照鏡畫眉，一點翻成兩點。」對云：「臨池玩月，隻輪轉作重輪。」二司考稍通。先期有絳衣大冠，時氏點假作捕蝦，爲鄉人草一索狀，句云：「霞蒸海島三千丈，日出扶桑九萬班。」由是氏點之名，鳴于京師。

時瑞原阮輝琪、古庵陳名賓、古都阮伯琚、天祿武遜，以善文馳成都，人謂之「長安四虎」。聞氏點名，往造，欲挑與賭詩。氏點出對聯云：「庭前少女勸檳榔。」四人不能對。

當（嘗）遇尚書阮公沆於途，公沆使作獨行詩，氏點口占云：「談調古今心腹友，周旋左右股肱人。」公沆賞錢十貫。龍德年，北使冊封，皇上命氏點具衣服，立于端門，以候北使。正使官見而戲云：「安南一寸土，不知幾人耕？」氏點應之曰：「北朝士大夫，多由此途出。」正使慚滿面。

又嘗作傳奇柳杏公主、安邑神女傳，人皆傳誦之。後嫁慈廉尚書阮翹爲側室，生獲一女焉。

【三五】客人埋金傳

北國廣東姓黃，居山南金洞來朝滈，財貨敵國君，第宅甲公侯，金銀珠玉，以億萬計，聞縣內有監生之妹，頗有姿色，年十八，以百金買之。三年，伊女歸省家親，監生曰：「汝嫁夫三年來，子息何晚？」妹言：「自于歸以來，彼別設一床，未曾與之言語交合。魚肉煙糖❶不許之食。只惟三月新衣服獨居而已。」監生曰：「此他將以汝爲守財之神，定無疑矣。但汝所見伊客家人所做甚事？」妹言：「前此暮夜飯訖就寢，而今數月來，夜見伊父子持揷擡磚而行。」監生曰：「期已迫矣！」卽遣妹還，密以麻子與芥子一封授之曰：「係見將汝行埋，宜密播此麻芥于地爲誌。」自是監生往往到客人之家以探之。

後十日復來，女不在家，問之曰：「數日前命彼赴京買計行貨。」監生默然潛出後園，看見兩邊麻子芥子已蘖矣，卽入鎮守官，具以事訴。鎮官卽出員兵五百，迅行拿捉。監生先道入後家認麻芥之跡，自家至此，隔五十丈，見一庵泥塑甫完，必是此無疑也。請掘之，客人爭辨不肯。鎮官命兩邊供詞，客人固彊不從。鎮官卽命開掘上面，見覆以木板，大倣一間，外用鉢塲磚，泥以石灰，融液堅固。員兵開破其中，果見兩燈火未滅，女人坐于石椅上，緘其口，內含高麗參，絹縛兩手于石椅；女之兩足踏兩大盂，題曰「一千斤」；左邊大盂十，右邊大盂十，每盂題之曰：「金五百斤」；燈擎二架金銀。問伊女人被埋幾何日？曰：「今已二十日。」鎮官以財貨一分許伊女，存餘沒納入官，客人亦有重責❷，示警焉耳。

【校勘記】

❶「煙糖」二字原為喃字，今譯為漢文。

❷「責」字原無，據文義補。

國家圖書館出版品預行編目資料

越南漢文小說叢刊 第一輯

陳慶浩、王三慶主編. – 初版二刷. – 臺北市：臺灣學生，2011.01
冊；公分

ISBN 978-957-15-1515-1 (全套：精裝)

868.3757　　99026670

越南漢文小說叢刊 第一輯

主　　編：陳慶浩、王三慶
出　版　者：臺灣學生書局有限公司
發　行　人：楊雲龍
發　行　所：臺灣學生書局有限公司
臺北市和平東路一段七五巷一一號
郵政劃撥戶：〇〇〇二四六六八號
電話：（〇二）二三九二八一八五
傳真：（〇二）二三九二八一〇五
E-mail: student.book@msa.hinet.net
http://www.studentbooks.com.tw
本書局登記證字號：行政院新聞局局版北市業字第玖捌壹號
印　刷　所：長欣印刷企業社
中和市永和路三六三巷四二號
電話：（〇二）二二二六八八五三

定價：精裝新臺幣二五〇〇〇元

一九八七年四月初版
二〇一一年元月初版二刷

86801

ISBN 978-957-15-1515-1 (精裝)